노래를 불러서 네가 온다면

노래를 불러서
네가 온다면

별이 된 아이들을 부르는
세월호 엄마 아빠의 노래

416합창단 지음 ✦ 김훈 김애란 글

문학동네

1부

노래여
날아가라

416합창단의
노래 이야기

잊지 않을게

잊지 않을게
잊지 않을게
절대로 잊지 않을게
꼭 기억할게 다 기억할게
아무도 외롭지 않게

일 년이 가도 십 년이 가도
아니 더 많은 세월 흘러도
보고픈 얼굴들 그리운 이름들
우리 가슴에 새겨놓을게

잊지 않을게
잊지 않을게
절대로 잊지 않을게
꼭 기억할게 다 기억할게
아무도 외롭지 않게

♫ 간주

작사 작곡 윤민석 편곡 김영명

일 년이 가도 십 년이 가도
아니 더 많은 세월 흘러도
보고픈 얼굴들 그리운 이름들
우리 가슴에 새겨놓을게

잊지 않을게
잊지 않을게
절대로 잊지 않을게
꼭 기억할게 다 기억할게
아무도 외롭지 않게

416합창단은 매주 월요일 저녁에 단원고에서 멀지 않은 ㈔4.16세월호참사가족협의회 대강당 공간에 모여 연습을 합니다. 연습 때마다 그 주에 생일인 아이들을 기억하며 지휘 없이 노래를 부르는 시간이 있습니다. 우리들의 약속을 되새기는 아주 오래되고 소중한 시간입니다.

"잊지 않을게."

노래가 된 이 말은 우리를 광화문으로 모이게 했고, 세계 곳곳에서 촛불을 들게 했습니다. 밝히지 못한 진실을 좇으며 절대 포기하지 않겠다는 단단한 약속이기도 했습니다.

합창하면, 간절하게 소리내면, 가끔 모두 들어주지 않을까요. 전 아직도 〈잊지 않을게〉는 차마 부를수록 마음이 아파옵니다. 어찌 자식을 잊을까요, 이렇게 세상 아프게, 이 세상 너무 아프게 떠나버렸는데…… 사랑도, 아니 모든 것을 너무도 주지 못했는데. 그리워서 죽을 것 같은데.

이준우(2학년 7반) 어머니 장순복

시작부터 “잊지 않을게 잊지 않을게”를 반복할 때 마음이 뜨거워지고 눈물이 나요. “일 년이 가도 십 년이 가도 아니 더 많은 세월 흘러도” 이 가사를 부를 때마다 호연이가 더 생각나요. 어느 공연을 가서도 이 노래를 부를 때면 늘 눈물이 납니다.

김호연(2학년 4반) 어머니 유희순

네버 엔딩 스토리 Never Ending Story

손닿을 수 없는 저기 어딘가
오늘도 넌 숨쉬고 있지만
너와 머물던 작은 의자 위엔
같은 모습의 바람이 지나네

너는 떠나며
마치 날 떠나가듯이
멀리 손을 흔들며
언젠간 추억에 남겨져갈 거라고

그리워하면 언젠가 만나게 되는
어느 영화와 같은 일들이 이뤄져가기를
힘겨워한 날에 너를 지킬 수 없었던
아름다운 시절 속에 머문 그대이기에

♫ 간주

작사 작곡 김태원 편곡 이범준

너는 떠나며
마치 날 떠나가듯이
멀리 손을 흔들며
언젠간 추억에 남겨져갈 거라고

그리워하면 언젠가 만나게 되는
어느 영화와 같은 일들이 이뤄져가기를
힘겨워한 날에 너를 지킬 수 없었던
아름다운 시절 속에 머문 그대이기에

그리워하면 언젠가 만나게 되는
어느 영화와 같은 일들이 이뤄져가기를
힘겨워한 날에 너를 지킬 수 없었던
아름다운 시절 속에 머문 그대이기에

처음 접하고 가사 하나하나가 가슴에 콕콕 박혀 울기만 했던 노래. 그리워하면 언젠가 만나게 되고 영화와 같은 일들은 이루어질 것이라는…… 그리고 지키지 못한 미안함에 가슴을 치며 들었던 노래입니다.

박시찬(2학년 8반) 아버지 박요섭

못 잊어

못 잊어 못 잊어
못 잊어 생각이 나겠지요
못 잊어 못 잊어
못 잊어 생각이 나겠지요

그런대로 한세상 지내시구려
그런대로 한세상 지내시구려
사노라면 잊힐 날 있으리다

그런대로 세월만 가라시구려
그런대로 세월만 가라시구려
못 잊어도 못 잊어도
더러는 잊히오리다

시 김소월 작곡 조혜영

못 잊어 못 잊어
못 잊어 생각이 나겠지요
못 잊어 못 잊어
못 잊어 생각이 나겠지요

그러나 또 한 긋 이렇지요
그리워 살뜰히 못 잊는데
어쩌면 생각이
어쩌면 생각이
생각이
떠지나요

못 잊어

소월의 시에 조혜영이 곡을 붙였다. 전주가 시작되면 마음에 묵직한 것이 내려앉는다. "못 잊어 못 잊어 못 잊어 생각이 나겠지요 그런대로 한세상 지내시구려 못 잊어도 더러는 잊히오리다" 곡 전체를 휘감는 밀당과 역설이 마음을 아리게 한다. 부모들은 이내 못 잊는다고 절규를 한다. 그래, 그렇구나. 못 잊는구나. 살다보면 잊을 날 있다고 다들 말해도 잊을 수 없는 것이구나. 그렇지 그래, 그리워 살뜰히 못 잊는데……

일반 시민단원 임재옥

〈못 잊어〉는 울 아들의 찬란하고도 사랑스러웠던 모습을 못 잊어하는 엄마 마음 같아요.

박시찬(2학년 8반) 어머니 오순이

잘 가오 그대

잘 가오 그대
이 어둠은 오래지 않으리
이제 우리 눈부신 아침을 맞으리
세상 모든 슬픔 그대의 절망 그대의 아픔도
눈부신 그 아침엔 모두 다 잊으리

저 끝없는 수수밭길 모진 칼바람 불고
저 찬란한 별 하늘엔 침묵뿐일지나
아 아득한 침묵의 세월 긴 고통뿐일지나
아—

잘 가오 그대
이 어둠은 오래지 않으리
이제 우리 눈부신 아침을 맞으리

♫ 간주

작사 작곡 문승현 편곡 김준범

잊지 않을게 잊지 않을게 절대로 잊지 않을게
이제 우리 눈부신 아침을 맞으리(그날이 오면)

잘 가오 그대 슬픔은 모두 거두오
눈부신 그 아침엔 모두 다 잊으리
아— 찬란한 그 아침엔 모두 잊으리

잘 가오 그대

노래여 날아가라

저 초라한 지붕 그 아래 작지만 느꺼운 꿈 하나
아무렇지 않은 듯 자라는 작은 꿈 하나
짐짝처럼 부려진 채로
삶이 통째로 흔들리는 전철에도
잊어서는 안 되지
사람이 살아간다

그 작고 약한 꿈들에게 노래여
그 선한 많은 사람들에게 노래여
타다 남은 잃어버린 도시에도 노래여

노래여 날아가라 우리 생명의 힘을 실어
깊은 겨울잠을 깨어 노래여 날아가라
노래여 날아가라 사람이 사람으로 사는 땅
평화의 바람으로 노래여 날아가라

♫ 간주

작사 작곡 윤미진

그 작고 약한 꿈들에게 노래여
그 선한 많은 사람들에게 노래여
타다 남은 잃어버린 도시에도 노래여

노래여 날아가라 우리 생명의 힘을 실어
깊은 겨울잠을 깨어 노래여 날아가라
노래여 날아가라 사람이 사람으로 사는 땅
평화의 바람으로 노래여 날아가라

solo) 미처 이루지 못한 사랑을 노래여
온 마음을 다해 불러야 할 노래여
잃어버린 양심의 소리를 찾아 노래여
청춘의 힘을 다해 노래여 노래여 날아가라

노래여 날아가라 사람이 사람으로 사는 땅
평화의 바람으로 노래여 날아가라

solo. 일반 시민단원 임재옥

조율

알고 있지 꽃들은 따뜻한 오월이면 꽃을 피워야 한다는 것을
알고 있지 철새들은 가을하늘 때가 되면 날아가야 한다는 것을
문제 무엇이 문제인가
가는 곳 모르면서 그저 달리고만 있었던 거야
지고지순했던 우리네 마음 언제부터 진실을 외면해왔었는지

잠자는 하늘님이여 이제 그만 일어나요
그 옛날 하늘빛처럼 조율 한번 해주세요

정다웠던 시냇물이 검게 검게 바다로 가고
드높았던 파란 하늘 뿌옇게 뿌옇게 보이질 않으니
마지막 가꾸었던 우리의 사랑도 그렇게 끝이 나는 건 아닌지

잠자는 하늘님이여 이제 그만 일어나요
그 옛날 하늘빛처럼 조율 한번 해주세요
잠자는 하늘님이여 이제 그만 일어나요
그 옛날 하늘빛처럼 조율 한번 해주세요

♫ 간주

작사 작곡 훈돌 편곡 황수진

미움이 사랑으로 분노는 용서로
고립은 위로로 충동이 인내로
모두 함께 손잡는다면
서성대는 외로운 그림자들
가난한 마음 서로 나눌 수 있을 텐데

잠자는 하늘님이여 이제 그만 일어나요
그 옛날 하늘빛처럼 조율 한번 해주세요

내가 믿고 있는 건 이 땅과 하늘과 어린아이들
내일 그들이 열린 가슴으로 사랑의 의미를 실선할 수 있노독

잠자는 하늘님이여 이제 그만 일어나요
그 옛날 하늘빛처럼 조율 한번 해주세요
잠자는 하늘님이여 이제 그만 일어나요
그 옛날 하늘빛처럼 조율 한번 해주세요
잠자는 하늘님이여 이제 그만 일어나요
그 옛날 하늘빛처럼 조율 한번 해주세요

바람이 오면

바람이 오면 오는 대로
두었다가 가게 하세요
그리움이 오면 오는 대로
두었다가 가게 하세요
그리움이 오면 오는 대로
두었다가 가게 하세요

아픔도 오겠지요
머물러 살겠지요
아픔도 오겠죠
머물러 살겠죠
살다간 가겠지요

바람이 오면 오는 대로
두었다가 가게 하세요
그리움이 오면 오는 대로
두었다가 가게 하세요
그리움이 오면 오는 대로
두었다가 가게 하세요

시 도종환 작곡 배동진

아픔도 오겠지요
머물러 살겠지요
아픔도 오겠죠
머물러 살겠죠
살다간 가겠지요

아픔도 오겠지요
머물러 살겠지요
아픔도 오겠죠
머물러 살겠죠
살다간 가겠지요

세월도 그렇게 왔다가
왔다간 갈 거예요
가도록 그냥 두세요

그대 눈물 마르기 전에

벗이여 슬퍼 마오
젖은 소매 마를 날 있으니
온누리 마른 풀
저마다 소리쳐 푸를 날 있으니

벗이여 슬퍼 마오
내 항상 그대 곁에 있으니
이 시절 언제나
넉넉한 미소로 그대 곁에 있으니

앞서간 벗들의 피 눈물 그리움 따라
기꺼이 내딛는 걸음
풀어진 그대의 머리띠
내 다시 묶어주리니

벗이여 슬퍼 마오
그대 눈물 마르기 전에
이 아픔 모두어 흐느낌 모두어
밝아올 새날 있으니

♫ 간주

작사 작곡 류형선 편곡 김준범

앞서간 벗들의 피 눈물 그리움 따라
기꺼이 내딛는 걸음
풀어진 그대의 머리띠
내 다시 묶어주리니

벗이여 슬퍼 마오
그대 눈물 마르기 전에
이 아픔 모두어 흐느낌 모두어
밝아올 새날 있으니

이 아픔 모두어 흐느낌 모두어
밝아올 새날 있으니

그리움 별이 되다
416 합창단

"벗이여 슬퍼 마오 내 항상 그대 곁에 있으니 이 시절 언제나 넉넉한 미소로 그대 곁에 있으니"
416합창단에 참여하기로 마음먹었을 때 제가 결심한 바가, '부모님들 곁에 있자'는 것이었습니다. 노래가, 그중에서도 합창이 몸과 마음을 치유해주는 힘이 있다고 생각합니다. 부모님들이 아픔과 슬픔을 노래로 치유해가길 바랍니다. 연습 때마다 공연 때마다 흔쾌히 곁을 내주고 늘 반가운 미소로 맞아주는 단원들의 모습은 언제나 제게 큰 힘이 됩니다. 큰 소리 내어 위로의 말을 하지 않아도 바쁜 일정에 많은 이야기를 나누지 못해도 단원들이 주고받는 따스한 눈빛의 넉넉한 미소는 늘 서로에게 최고의 동력이 될 거라고 생각합니다.

일반 시민단원 이순희

어느 별이 되었을까

서쪽 하늘에 있나 어느 별이 되었을까
내 어깨에 내려앉는 이 별빛 네 손길인가
새벽하늘에 있나 어느 별이 되었을까
동트기 전 밀려오는 저 별빛 네 숨결인가

그날부터 비로소 그날부터 잊을 수 없는 그 웃음
어둔 바다 깊은 하늘에 지울 수 없는 눈망울

어느 별이 되었을까 무슨 말을 하고 있을까
새벽이 일렁이는 저 바다에 사랑하는 내 별이 뜬다

♫ 간주

작사 이건범 작곡 이현관

그날부터 비로소 그날부터 잊을 수 없는 그 웃음
어둔 바다 깊은 하늘에 지울 수 없는 눈망울

어느 별이 되었을까 무슨 생각 하고 있을까
새벽이 일렁이는 저 바다에 사랑하는 내 별이 뜬다

어느 별이 되었을까 누굴 생각하고 있을까
새벽이 일렁이는 저 바다에 사랑하는 내 별이 뜬다
지지 않을 내 별이 뜬다

solo. 문지성(2학년 1반) 어머니 안명미

가장 마음 아픈 노래는 〈어느 별이 되었을까〉.
이 노래를 부르고 있자면 바다에 발을 담그고 멀리 뱃머리만 나온 세월호를 보고 있는 느낌이 듭니다. 꼭 그때로 돌아가 있는 것 같아요. 반주에서 노래에서 바다의 물결도, 바람도 그대로 느껴지지요. “무슨 말을 하고 있을까” “무슨 생각 하고 있을까” “누굴 생각하고 있을까”를 순차적으로 부르다보면 심장이 다 녹아내리는 것 같아요. 그래도 시작부터 끝까지 계속 그려지는 별빛에 발을 바다에 담그고 뱃머리를 바라보던 시선이 하늘로 가네요. 마지막 반주에 저멀리 아이의 별이 보이는 것 같아서 곧 만날 희망도 생기고요.

유예은(2학년 3반) 어머니 박은희

가장 각별하게 다가오는 노래는 〈어느 별이 되었을까〉입니다. 부르면서도 힘들고 가슴이 먹먹하고 아프게 다가와서 사실은 부르기 싫은 노래 중에 하나이기도 합니다.
영만이가 아침에 학교 갈 때 매일매일 베란다 창문에서 아이를 배웅하고, 돌아오는 밤 10시 30분에 다시 마중했던 것처럼, 아이 보내고도 3년 동안 매일 아침과 밤 같은 시간에 베란다 창문을 열고 아이를 기다렸어요. 어느 날 밤, 손을 뻗으면 닿을 것 같은 곳에 유난히 반짝이는 별이 있었어요. 그 별이 영만이인 것처럼 제 마음에 다가왔고 매일매일 별과 이야기를 하게 되었어요. 그래서 "무슨 말을 하고 있을까" "무슨 생각 하고 있을까" "누굴 생각하고 있을까"라는 가사를 부를 때마다 영만이도 엄마에게 하고 싶은 이야기가 많을 거라는 생각을 하면서 이야기를 나누듯이 노래하니까 힘들고 쉽지 않은 노래입니다.

이영만(2학년 6반) 어머니 이미경

'어느 별이 되었을까'라는 노래 제목을 처음 들었을 때의 떨림은 지금도 생생하게 기억납니다. 나를 구성하고 있는 모든 세포들이 반응하는 것을 느낄 수 있었습니다. 마음을 휘젓고 다니던 말들이 아름다운 선율을 만나 노래가 되었을 때, 만나지 못하게 된 우리 아이와 연결되는 느낌이 들었습니다. 5년이 지난 지금도 그 첫 만남의 감동은 빛이 바래지 않았고 〈어느 별이 되었을까〉를 부를 때마다 아이와 서로 마주보고 있는 느낌으로 부릅니다.

이창현(2학년 5반) 어머니 최순화

어느 별이 되어 있다면 꼭 한 번만이라도 내 아이를 만나게 해주세요. 아직도 낮이든 밤이든 그립고 보고 싶어서 심장도 나도 그냥 울어버려요. 가슴이 늘 답답해서 내 숨을 숨기는 것 같아 새로운 내 사람들과(친구들과) 함께 노래합니다. 내 아픔 흐느낌 속에 너를 다시금 불러서 너희들이 다시 온다면 좋겠다고. 우리에게 4월 16일은 잊을 수가 없으니까.

이준우(2학년 7반) 어머니 장순복

"서쪽 하늘에 있나 어느 별이 되었을까" 하고 시작하는 이 노래는 그동안 우리가 몇백 번을 불렀겠지만, 언제 불러도 첫 가사부터 가슴이 먹먹하다. 그날 그렇게 억울하고 비통하게 간 아이들이 별이 되어 서쪽 하늘에 있을까? 저 하늘 어디에서 아이들이 무슨 말을 건네고 있을 텐데 우리가 못 알아듣고 있는 거라 생각하면 더더욱 아이들을 잊을 수 없게 한다. 이 노래를 함께 부르는 부모님들의 마음을 다시 한번 생각하지 않을 수 없다. 일상에 지쳐 마음이 약해지다가도 이 노래를 부르면 별이 된 아이들이 떠오르고, 우리가 끝까지 해야 할 일을 되새기게 된다.

일반 시민단원 문현주

약속해

우리가 너희의 엄마다 우리가 너희의 아빠다
너희를 이 가슴에 묻은 우리 모두가 엄마 아빠다

너희가 우리 아들이다 너희가 우리의 딸이다
우리들 가슴에 새겨진 너희 모두가 아들딸이다

그 누가 덮으려 하는가 416 그날의 진실을
그 누가 막으려 하는가 애끓는 분노의 외침을

가만히 있지 않을 거야 우리 모두 행동할 거야
이마저도 침묵한다면 더이상의 미래는 없어
끝까지 다 밝혀낼 거야 끝까지 다 처벌할 거야
세상을 바꾸어낼 거야 약속해 반드시 약속해

작사 작곡 윤민석 편곡 전찬울

♫ 간주

그 누가 덮으려 하는가 416 그날의 진실을
그 누가 막으려 하는가 애끓는 분노의 외침을

가만히 있지 않을 거야 우리 모두 행동할 거야
이마저도 침묵한다면 더이상의 미래는 없어
끝까지 다 밝혀낼 거야 끝까지 다 처벌할 거야
세상을 바꾸어낼 거야 약속해 반드시 약속해
세상을 바꾸어낼 거야 약속해 반드시 약속해

"우리가 너희의 엄마다 우리가 너희의 아빠다"
"너희 모두가 아들딸이다" 내 아이가 처음 배운
말, 엄마! 제가 힘들고 지칠 때 하는 말, 엄마!
생각만 해도 눈물이 나요.

정차웅(2학년 4반) 어머니 김연실

"우리가 너희의 엄마다 우리가 너희의 아빠다"라는 노랫말이
있습니다. 동혁이는 세월호 참사가 일어난 시간에 엄마 아빠를
많이 찾았습니다. 그때 함께해주지 못했던 것에 마음이
찢어집니다. 노래를 부를 때마다 그리움이 더 간절해집니다.
저에겐 <약속해>를 부르는 순간이 혁이가 있을 때 다 못 주었던
아빠의 사랑을 스스로 되새기고 간직하는 시간입니다.

김동혁(2학년 4반) 아버지 김영래

아이들에게 지키지 못한 약속, 지금까지도 지키지 못한 약속. 공연을 다니면서 참 많이 울기도 했던 곡입니다. 엄마 아빠의 마음이 그대로 녹아 있는 곡이어서, 억울함과 분노와 애끓는 심정을 고스란히 표현해준 곡이어서 나 자신에게 매번 다짐하게 하는 곡입니다.

김동영(2학년 6반) 어머니 이선자

애잔하면서도 힘이 나는 노래입니다. 자식을 잃은 부모의 애환이 담긴 노래면서, 억울하게 하늘나라로 간 아이들에게 진실 규명과 책임자 처벌 약속을 지키기 위해 험난한 그 길을 끝까지 가겠다는 노래인 것 같아요.

이인서(2학년 2반) 아버지 이정엽

2부

슬픔이 슬픔에게, 고통이 고통에게

416합창단을
기록하다

숨 나누기

김애란

2014년 가을, 진도에 간 적이 있다. 팽목항에서 열리는 세월호 문화제에 참여하기 위해서였다. 이른아침 서로 초면이거나 자주 만난 적 없는 작가들이 광화문에 모였다. 출판인을 포함해 얼추 스무 명이 넘게 탑승한 버스에 차분하고 고요한 긴장이 흘렀다.

오후에 진도체육관에 들러 세월호 실종자 가족 및 유족분들과 인사를 나눴다. 화면이나 지면이 아닌 현장에서 얼굴을 뵌 건 처음이었고 간담회 내내 나는 어쩔 줄 몰라했다. 아마 그분들에게는 익숙한, 그래서 더러 불편하기도 한 '어쩔 줄 모름'이었으리라.

밤 9시 무렵 전국에서 출발한 '기다림의 버스'가 진도에 모두 도착했고, 천여 명의 시민이 팽목항 부두에 옹기종기 모여 앉았다. 10월이라 밤바람이 찼다. 영상이나 사진이 아닌 맨눈으로 그 바다를 본 건 처음이었고, 그래서 그 자명한 너비와 거리, 어둠과 고요를 쉽게 받아들이기 어려웠다.

이윽고 책 전달식이 시작돼 세월호 헌정 산문집과 작가들의 '한 줄 선언' 팸플릿을 들고 무대에 올랐다. 그러곤 다른 작가들과 함께 유족분들 앞에 나란히 마주섰다. 사회자가 신호를 주면 각자 앞에 계신 분께 책을 건네드릴 예정이었다. 그런데 막상 그 순간이 오자 나는 당황하고 말았다. 모두 밝고 정중한 얼굴로 책을 주고받는 사이 나만 짝을 찾지 못해서였다. 나는 내 손에 든 것을 어찌할지 몰라 무대 위에서 조금 허둥댔다. 그런데 그때 어느 유족분이 그 사실을 재빨리 알아채고 내게 다가와 웃으며 책을 받아가셨다. 한 손에 이미 다른 작가에게 받은 책을 들고서였다.

그날을 생각하면 이상하게 그 미소가 가장 먼저 떠오른다. 그전까지는 마치 그분들이 웃을 수 있다는 걸 몰랐던 양 그 앞에서 조금 놀라고 크게 안도했던 내 모습도. 어쩌면 그날 내가 그분들에게 무언가 드린 게 아니라 받았다는 사실을, 실은 오래전부터 줄곧 그래왔다는 걸 처음 깨달아서였는지 모른다. '받아줌을 받는다'는 놀랍고 숙연한

그날을 생각하면 이상하게 그 미소가 가장 먼저 떠오른다.
어쩌면 그날 내가 그분들에게 무언가 드린 게 아니라 받았다는 사실을,
실은 오래전부터 줄곧 그래왔다는 걸 처음 깨달아서였는지 모른다.

형식을 통해 실감해서였는지도.

문화제가 막바지에 다다를 무렵 시민분들과 함께 바다를 보며 실종자 이름을 불렀다. 검은 해수면에 비친 달빛이 하도 선명해 동료들과 한참 바라본 기억이 난다. 그리고 그 시간 무대에서 들려온 '평화의나무합창단' 노랫소리도. "꼭 기억할게, 다 기억할게, 아무도 외롭지 않게……"

내 휴대전화 속에는 그날 들은 노래가 여전히 저장돼 있다. 노랫말과 달리 그때도, 지금도 '아무도 외롭지 않기'란 실로 불가능한 일일 테지만, 적어도 거기 있던 많은 이들의 외로움을 덜어줬던 노래가. 유가족들에게 무턱대고 '지금 심정이 어떠시냐?' 묻는 대신 그저 짐작되는, 겨우 짐작만 되는 심정 옆에 조용히 머무를 줄 알았던 음音들이.

그 노래를 이렇게 다시 듣게 될지 몰랐다.

'평화의나무합창단'과 세월호 유족분들이 함께 무대에 오른 건 이듬해 여름이라고 한다. 나는 그 장면을 뒤늦게 영상으로 접했다. 세월호 참사 500일 추모합창문화제 영상을 통해서였다. 슬프지만 의연한 눈빛으로, 가슴을 열고, 입을 크게 벌린 채 노래하는 분들을 보

SEWOL

반드시 진상규명
끝까지 책임자처벌
여러분이 우리의 희망입니다
우리 모두는 세월호의 증인입니다
반드시 진상규명
끝까지 책임자처벌
여러분이 우리의 희망입니다
우리 모두는 세월호의 증인입니다

니 뭐라 말할 수 없는 감정이 일었다. 한마디로 요약할 순 없지만 누구보다 어렵고 힘든 시간을 보낸 이들이 보여주는 위엄과 품위가 거기 있었다.

그뒤 416합창단이 찾아간 곳은 다양했다. 부당해고를 당한 KTX 여자 승무원들 옆에서, 휴대전화 부품을 만들다 메탄올 중독으로 실명한 노동자들 앞에서, 스텔라데이지호 실종 선원 가족들 곁에서. 416합창단은 노래했다.

그래서 내겐 이분들의 합창이 가끔은 노래가 아닌 누군가에게 아주 정성 어린 '말'을 거는 것처럼 느껴졌다. 가사 한마디 한마디에 힘주어 마음을 싣는 게 전해졌다. 물론 가끔은 다음 마디로 건너가지 못한 채 떨리는 목소리로 빈 마디를 견뎌야 하는 경우도 적지 않으셨을 테지만. 어떤 소절은 부를 때마다 작은 낭떠러지인 양 발이 푹푹 빠지는 일도 흔하셨을 테지만. 그럴 때 나 대신 누군가 빈 마디를 채워주고 또 이어 부르고 나눠 부를 수 있는 게 합창 아니었을까.

오랜 시간 고통에 눈감은 권력과 싸우며 광장에 주저앉아야 했던 분들이 어느새 다시 일어나, 다른 현장의 사람들을 위해 노래하는 모습을 보니 자연스레 떠오르는 말이 있었다. 자신을 움직이는 건 '연민도 이타심도 아니'라고. "너무 슬프지만, 사람이 저렇게까지 용감

할 수 있구나, 저렇게까지 깊을 수 있구나 하는 존경과 감탄"이라고 설명한 작가 정혜윤씨의 말이었다. 정혜윤씨는 그걸 "깨끗한 존경"* 이라 불렀다. 나는 그 말을 듣자마자 바로 이해했다. 416합창단의 이력을 따라가는 동안 내 속에 인 가장 큰 감정이 바로 그 '깨끗한 존경'이었기 때문이다. 동시에 나는 이분들을 바라보는 다른 분들의 눈동자 속에서 같은 것을 봤다.

2014년 가을, 작가들과 진도로 내려가다 멀리 지평선 너머 큰 구름 아래로 쏟아지는 여러 개의 빛기둥을 봤다. 보통 '야곱의 사다리'라 불리는 햇빛이었다. 나는 종교가 없지만 그걸 보자 이상한 기분이 들었다. 평소 쉽게 볼 수 없는 풍경인데다 왠지 하늘에서 아이들이 우리에게 인사해주는 것 같아서였다. 그리고 몇 해 뒤 쌍용자동차 해고 노동자 중 한 명인 이창근씨가 오랫동안 여러 방식으로 싸우다 급기야 평택 공장 굴뚝에 올라섰을 때, 나도 모르게 진도에서 본 빛을 떠올릴 수밖에 없었다. 수년간 여러 동료들의 죽음을 겪으며 감당하기 어려운 고통과 아픔을 겪었을 한 인간이, 삶의 존엄을 위해 자신에게 마지막 남은 두 손으로 하나하나 쥐고 올라갔을 사다리의 차가운 철제봉과 오래전에 본 빛이 겹쳐 보여서였다. 이창근씨는 공장 굴뚝에서 백 일 넘게 버티며 추위와 허기, 외로움과 싸웠다. 그리고 이

---

* 이슬아 인터뷰집, 『깨끗한 존경』, 헤엄출판사, 2019.

단식투쟁

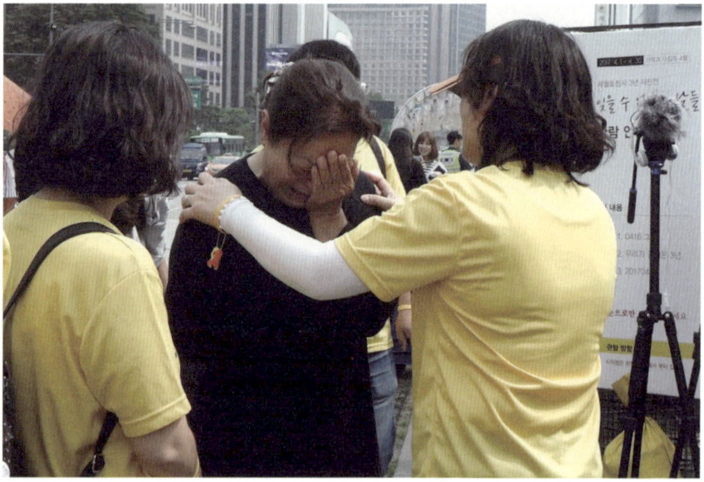

따금 굴뚝 위 상황을 SNS에 올렸다. 그러던 어느 겨울밤 나는 그가 올린 사진 한 장을 보고 그 자리에 오래 붙박여 있을 수밖에 없었다. 조리용품이랄 만한 게 거의 없는 허공에서 그가 허기를 달래려 봉지 라면을 끓였을 때, 봉지에 뜨거운 물을 부은 뒤 입구를 조이는 도구로 선택한 게 마침 그의 팔뚝에 있던 세월호 팔찌였기 때문이다.

슬픔이 슬픔에게, 고통이 고통에게 다가간다는 말은 이런 때 쓰는 걸까.

최근 신문에서 '쌍용차 마지막 남은 46명 5월 복직한다'는 기사(경향신문 2020년 2월 25일)를 발견했다. 그러곤 단지 '너무 많은 시간이 흘렀다'는 이유로 어느 순간 사태를 비관해온 스스로가 부끄럽게 느껴졌다. 물론 그사이 많은 이들의 삶이 돌이킬 수 없게 변해버렸지만. 세상에 완벽한 애도도 온전한 치유도 없을 테지만. 권력과 자본이 모든 걸 앗아간다 해도 한 인간으로부터 끝끝내 뺏어갈 수 없는 게 있다는 걸 나는 세월호 유족들을 보며 배웠다. 지금도 세월호 유족분들은 합창뿐 아니라, 연극이나 다큐멘터리를 통해 세상에 좋은 영향을 남기려 노력하고 계신다. 그 세상이 설사 자신에게서 가장 소중한 걸 앗아간 형편없는 세계라 하더라도 말이다.

언젠가 사람 숨소리에 색과 음을 입혀 만든 게 노래라고 생각한 적이 있다. 우리가 숨을 보다 진지하고 아름답게 쉬는 방식이 노래 같다고. 그러니 누군가의 노래를 듣는 건 그 사람의 숨소리를 공들여 듣는 일인지 모른다. 나를 에워싼 사람들의 숨소리를 열심히 듣다 적절한 시간에 자기 숨소리를 얹는 일이 합창인 것처럼 말이다.

여기 자신들의 숨결로 누군가의 슬픔과 고통 사이에 사다리를 놓는 분들이 있다. 오래 서 있던 분들, 계속 걸어온 분들, 가끔 웃기도 하고 함께 노래 부르는 분들. '누군가 짝이 없다면 내가 책을 두 번 받으면 되지' 하고 다른 사람에게 먼저 다가서는 분들. 슬픔 속에서 오히려 상대를 배려하는 분들. 그렇지만 하루하루 일상을 꾸리기 위해 오늘도 용기를 내야 하는 분들. 노래에 기대, 노래가 되어 더 먼 곳을 향해 가시는 분들. 이 모든 분들에게 온 마음을 다해 깊은 존경을 표한다.

권력과 자본이 모든 걸 앗아간다 해도
한 인간으로부터 끝끝내 빼어갈 수 없는 게 있다는 걸
나는 세월호 유족들을 보며 배웠다.
지금도 세월호 유족분들은 합창뿐 아니라,
연극이나 다큐멘터리를 통해
세상에 좋은 영향을 남기려 노력하고 계신다.
그 세상이 설사 자신에게서 가장 소중한 걸 앗아간
형편없는 세계라 하더라도 말이다.

울음에서 노래로

김훈

다시 4.16을 맞으며

416합창단은 울음을 추슬러서 노래로 나아간다. 이 목소리들은 울음에서 비롯되지만, 우는 자의 자폐적 한恨을 삭여내면서 사랑과 희망을 노래한다.

살아 있는 사람들만이 목소리를 내어 울고 또 노래할 수 있는데, 416합창단의 목소리는 살아서 고통받는 사람들의 울음이고 노래다. 울음을 우는 사람들이 스스로의 힘으로 울음의 뒤끝을 추스를 때, 울음 속에서 노래의 씨앗이 싹튼다. 극한의 슬픔과 절망과 고통을 노래할 때도 인간의 노래 속에는 희망과 그리움의 불씨가 살아 있다.

세월호 참사 4주기를 맞는 2018년 봄에 나는 경기도 안산의 세월

“알토는 소프라노나 테너처럼 화려하지 않고 존재감이 약하다.
하지만 알토는 여러 음역을 이어주고 그 사이사이를 부드럽게 해준다.
알토는 남을 받쳐준다. 나는 알토를 사랑한다.”

_416합창단 알토 이선자

호 유족들을 방문했는데, 그때 416합창단의 단원들과 활동에 대해서 알게 되었다. 월요일마다 모여서 노래 부르던 작은 모임이 합창단이 되었다. 합창단 멤버들 중에는 바다에서 돌아오지 못한 학생의 부모들도 있고, 살아서 돌아온 학생의 부모들도 있고, 학부모는 아니지만 같은 동네 이웃들도 있었다. 입장과 처지가 다르지만, 다들 모여서 노래하고 있었다. 처음에는 간단한 노래를 불렀지만, 2015년 소프라노 알토 테너 베이스 4음역을 모두 갖추었고 레퍼토리도 많아져 창작곡을 부를 수 있게 되었다. 이 합창단의 이선자씨(故 김동영군 어머니)를 알게 된 것은 나에게 소중한 발견이며 깨우침이었다. 합창단에서 이선자씨의 음역은 알토다. 이선자씨는 알토에 대해서 이렇게 말했다.

"알토는 소프라노나 테너처럼 화려하지 않고 존재감이 약하다. 하지만 알토는 여러 음역을 이어주고 그 사이사이를 부드럽게 해준다. 알토는 남을 받쳐준다. 나는 알토를 사랑한다."

나는 알토에 대한 이선자씨의 체험과 이해는 매우 소중하다고 생각했다. 나는 여러 사람들에게 이선자씨의 알토 이야기를 소개했고, 간단한 글로 쓰기도 했다. (『연필로 쓰기』 254쪽 참조)

이선자씨의 말을 들으면서 나는 슬픔과 울음을 추슬러서 노래로 나아가게 하는 힘은 알토에서 나온다고 생각했다. 알토는 낯선 감정들을 이어주고 굳어진 것들을 부드럽게 하고 단절의 경계를 녹인다. 울음을 추스른다는 것은 울음을 울 수밖에 없는 조건들을 긍정하면서 울음의 힘으로 울음 안에 희망을 불어넣음으로써 울음의 폐쇄성을 넘어서는 행위이다. 악기를 사용하는 음악보다도 살아 있는 인간의 목소리로 표현되는 노래와 합창이 이 추스름의 기능에 알맞다는 것은 자명하다. 목소리는 살아 있는 인간의 것이고 목소리는 늘 생명의 리듬으로 떨린다.

이선자씨의 알토 이야기를 들으면서, 나는 내 가난한 어머니의 노래를 생각했다. 전쟁 직후의 참혹한 가난과 시련 속에서도, 어머니는 쌀을 씻거나 빨래를 할 때 노래를 불렀다. 어머니는 얌전하고 단정한 한국 가곡을 즐겨 불렀다. 나는 숨을 죽이면서 어머니의 노래를 들었다. 어머니는 고음을 힘겨워하면서도 정성껏 정확히 불렀다. 그때 나는 초등학생이었지만 이 세상의 썩음과 희망 없음을 매일매일 체험하고 있었다. 아이들은 말을 안 해도 다 알고 있다. 나는 어머니의 노래를 들으면서, 우리는 그래도 살 수 있다는 희망을 느꼈다. 어머니는 돌아가셔서 이제는 노래하지 않으신다.

내가 안산에 갔을 때, 자식을 잃은 어머니들은 울면서 일상의 고통을 말했다. 저녁때 동네에 나가서 축구하고 돌아온 아이의 머리통에서 풍기던 땀냄새가 그리워서 눈물을 흘린다고, 아들 잃은 어머니는 말했다.

또다른 어머니는 죽은 딸이 하이힐을 좋아해서 엄마 것을 신고 멋진 폼을 잡으면서 방안을 걸어다녔다고 말했다. 아침에 학교 가는 아이들 먹이느라고 된장찌개 끓일 때 냄비에서 보글보글 끓는 소리가

나는 어머니의 노래를 들으면서,
우리는 그래도 살 수 있다는 희망을 느꼈다.

났다고 말하는 엄마도 있었다.

416합창단의 이미경씨(故 이영만군 어머니)는 아이가 학교 갈 때 매일매일 베란다 창문에서 아이를 배웅하고, 돌아오는 오후 10시 30분에 베란다 창문에서 아이를 마중했다고 말했다. 이 엄마들의 이야기를 들으면서 나는 일상의 사소함이란 얼마나 소중하고 눈물겨운 것인가를 생각했다.

세월호 참사로 한국 사회의 야만적 속성들은 낱낱이 드러났는데, 그중에서 못 견딜 일은 불행을 당한 사람들을 재수없는 소수자the unlucky few로 몰아붙여서 구박하고 소외시켜서 다수자의 안락을 도모하려는 사회적 태도였다. 416합창단은 그 야만적 현실 속에서도 슬픔과 그리움, 희망과 사랑을 노래했다. 그들은 세월호 관련 행사에서뿐 아니라, 쉴새없이 거듭되는 재난 재해 참사의 현장에서 노래했다. 그들의 노래는 일상의 사소한 구체성에 바탕해 있었고, 사람의 목소리로 사람의 슬픔을 감싸서 슬픔을 데리고 슬픔이 없는 나라로 가고 있다.

416합창단은 그 야만적 현실 속에서도
슬픔과 그리움, 희망과 사랑을 노래했다.
그들의 노래는 일상의 사소한 구체성에 바탕해 있었고,
사람의 목소리로 사람의 슬픔을 감싸서
슬픔을 데리고 슬픔이 없는 나라로 가고 있다.

지치지 않는 엄마의 노래

박미리(416합창단 지휘자)

지휘자의 녹음일지

물러섬이 없다 2020년 2월 7일

결혼하고 몇 년이 지나서야 귀한 생명이 갓난아이로 내게 왔다. 모든 것이 처음인 어설픈 젊은 엄마는 아이 목욕을 한번 할라치면 온몸이 땀으로 젖었다. 목을 가누지 못하는 아이를 품에 조심스레 안고 적당한 온도의 물을 조금씩 끼얹으며 몸을 씻겼다. 그때 평온하게 웃던 아가의 표정과 보드라운 살갗의 느낌은 살아갈수록 더 선명해진다.

엄마는 기억한다.

아이가 자라며 어떤 말을 했는지, 그 순간 왜 울었는지 기억한다.

때마다 맛있게 잘 먹던 음식의 식감까지도 귀신처럼 기억한다. 아이는 품에서 한 걸음 한 걸음 멀어지며 스스로 커가고, 젊은 엄마는 기억들이 또렷해지고 넘쳐날 때 비로소 진짜 '엄마'가 되어갔다.

엄마들이 노래를 한다.

내내 눈물이 전부인 노래를 끝내 뱉는다. 한계가 없는 사람들의 소리는 이런 것인가 싶다.

노래는 떠난 아이에게 묻는 여전히 낯선 안부인사이고, 힘이 되어 달라는 간곡한 기도이다. 또 어떤 날은 뒤늦게 아이의 마음을 듣게 되는 마법이기도 했다가 묵직한 혼잣말이기도 하다.

416합창단의 노래는, 그래서 끝이 없는 편지 같다.

날마다 쓰지만 날마다 새롭다. 그런 편지에 나는 별로 할 수 있는 일이 없다.

416합창단에서 지휘라는 자리는 노래를 듣는 이에게는 등만 보인 채 노래하는 이를 바라봐야 하는 위치일 뿐이다. 그 자리를 지금껏 지키고 있는 것이 내가 한 일의 전부였다.

노래를 기록하기로 했다.

실은 아이가 태어난 순간의 보드라운 첫 느낌부터 전부 기억하는 일이다. 온몸이 젖은 채로 품에서 아이를 놓지 않던 그 마음과 힘으

엄마들이 노래를 한다.
내내 눈물이 전부인 노래를 끝내 뱉는다.
한계가 없는 사람들의 소리는 이런 것인가 싶다.

로 하는 노래를 담는 일이다.

그래서 엄마의 노래는 결코 물러섬이 없다.

지치지 않는 노래인 것이다.

멈출 수 없다 🎗 2020년 2월 17일

백 번을 부른 노래도 백한번째에 어느 곳, 어느 사람들 앞에 서면 새로운 감정으로 불리곤 했다. 수없이 보았던 악보와 가사가 어느 날 갑자기 깊이 파고들 때가 있었다.

노래가사를 연필로 종이에 옮겨 적다보면 또 다르게 읽혔고, 노래는 어김없이 소중한 순간들과 만나 다정하게 때론 매몰차게 흔들어댔다.

그래봤자 어림없다, 굽힘 없이 흔들리고 싸워가며 꼬박 5년을 지나왔다.

노래마다 첫사랑의 긴 시간이 있다.

불에 덴 듯 쓰리고, 얼어붙듯 시리고, 애달프고, 어설프다. 거칠고 투박하다 해도 그보다는 환하고 순하고 여린 것이 더 강하게 느껴진다.

2월에 멈추지 않고 내리는 눈처럼 멈출 수 없는 사랑이다.

감히, 아름다움이란 이런 것인가 싶다.
416합창단의 노래는 내게 그렇다.

여섯번째 봄이 오는 동안, 노래가 부대끼며 쌓아온 시간들을 다 담을 수는 없다. 하지만 그 애씀을 들을 수는 있다. 듣는 이의 흔들림 속에서 노래는 매번 새롭게 태어날 거라 믿는다.

밥과 꽃 2020년 2월 26일

작년 7월 엄마가 목포 중환자실에 계실 때였다. 목포신항에서 가까운 삼호중공업 노조행사에 공연이 있던 날, 안산에서 출발하는 단체버스를 타지 않고 혼자 기차를 타고 내려갔다. 먼저 엄마를 만나고 목포신항 세월호 앞에서 합창단을 기다릴 참이었다.

그날 아침 합창단원의 페이스북에 예정된 시간과 다르게 일찍부터 버스 출발 소식이 올라와 이상하다…… 싶었다. 병원에서 엄마를 만나고 나오려는데 전화가 왔다. 버스가 목포에 다 와간다고…… 그러고는 식당 주소를 알려주며 그쪽으로 오라고 했다.

병원에서 몇 분 거리의 가까운 곳에 있는 식당문 앞에서 무거운 한 걸음이 떼어지지가 않았다.

그 많은 합창단 인원이 애초 계획된 시간보다 이르게 집에서 나와 목포에서 함께 점심을 먹으려고 달려왔다니, 얼굴들을 어찌 보나 싶었다. 훔쳐도 훔쳐도 자꾸만 눈물이 차올랐다. 그날 서프라이즈 점심 밥상 앞에서 나는 한동안 숟가락을 들지 못했다.

일주일 전 창현 어머니가 점심을 먹자고 해서 약속을 잡았다. 서울로 오신다 했는데, 그사이 약속한 날 안산에서 일정이 생겨 내가 움직이기로 했다. 미리 알려주신 식당 2층으로 들어서는데……

어이쿠야, 또 부모님들이 줄줄이 앉아 계신다.

"누가 졸업해요?"

갑자기 건네는 꽃다발에 멋쩍은 말을 툭 뱉고는 고개를 숙였다.

"시도 때도 없이 울어."

이리도 환한 꽃다발을 안고서는 고개를 숙인 나에게 지성 어머니의 정 깊은 한마디가 들려왔다.

목포의 밥상이 그새 겹쳐져서 앉아 있지 못하고 일어서야 했다.

오른편 시찬 어머니 자리에 놓인 노란 프리지어 꽃다발, 해마다 봄이 오는 때에 아버님이 사주신다는 얘기를 듣고, 캬아 낭만적이라고 호들갑스레 부러워하며, 연애 때부터 꽃다발 한 번 받지 못했다고 궁시렁대는 나의 얘기를 받아, 저쪽에서는 아이 낳고 남편이 꽃을 안

사와서 꽃다발 사오라고 했다는 준우 어머니의 또랑또랑한 목소리가 들린다. 넷째 딸 지성이를 낳고 딸부잣집이라 행복하다며 노란 장미를 사서 주더라는 지성 아버지 이야기까지.

꽃다발 하나로 오래된 시간들을 두런두런 꺼내고 기억하고 서로의 가슴을 쓰다듬다보니 어느새 앞에 놓인 추어탕 한 그릇이 반쯤 사라졌다.

수많은 공연을 지휘하는 동안 부모님들마다 내 머릿속에 박힌 눈빛이 있다. 노래할 때 빛이 나올 듯 눈이 빨갛게 충혈되던 아버지, 턱밑이 부르르 떨리며 가사를 뱉지 못해도 볼을 타고 흐르는 눈물을 닦지 않으시던 어머니, 주먹을 불끈 쥐고 단호하게 먼 곳을 바라보던 어머니, 어깨가 흔들릴 정도로 힘들어하는 어머니의 손을 가만히 붙들어주시던 그 옆의 어머니, 그때 그 눈빛들.

부모님들의 눈빛은 그 어떤 꽃보다 눈부시고 고귀하다. 밥보다 더한 힘이 있다는 걸 달리 설명할 길이 없다.

끝이 없다 2020년 2월 29일

음반을 만들기로 결정한 뒤 머리가 무거웠다. 그 긴 시간들을, 마음

부모님들의 눈빛은
그 어떤 꽃보다 눈부시고 고귀하다.

들을 어떻게 소리만으로 담아낼 수 있을지가 내내 고민이 되었다.

3차 소프라노 녹음을 하고 집에 돌아와 녹음일정을 사진과 영상으로 기록하고 계시는 분들이 보내준 사진을 한장 한장 보았다. 헤드폰을 끼고 여덟 시간 가까이 녹음을 하다보니 온통 소리에 민감해지고 시각이 둔해졌다는 것을 깨달았다. 소리에 집중하느라 미처 보지 못한 부모님들의 깊어진 눈빛이 사진 속에 있었다. 주름이 선명한 감은 눈에서도 마음이 읽혔다. 모든 단원들이 음반작업에 얼마나 온 힘을 쏟고 있는지가 보였다.

2019년 세번째 기획공연 〈하늘로 가는 우체통〉을 준비하는 회의에서 아이들에게 어떤 이야기를 하고 싶으시냐고 물었다.

"하루는 집에 왔는데, 아이가 방 침대에 앉아 핸드폰을 보고 있더라구요. 그때 무슨 생각을 하고 있었는지 방문 너머로 묻지 못한 것이 두고두고 너무 미안해요."

"사는 게 바빠서…… 그걸 어떻게 다 얘기해."

평소 공연 때도 눈물을 잘 보이지 않던 어머니가 눈물을 흘리며 얘기했다.

눈빛과 몸짓에는 온몸에서 전하는 소리가 담겨 있다. 소리는 가슴을 뚫고 나오는 이야기가 되어 전달된다. 하고 싶은 이야기를 말로는

다 못해도 노래 가사에 전부 담겨 있다고 부모님들은 한목소리로 얘기한다. 〈못 잊어〉 가사 한마디가 선율에 얹어지고 부모님들의 소리로 나올 때면, 소리의 질감이나 합창의 밸런스, 노래 호흡과 같은 음악적 퀄리티로는 논할 수 없는 이야기가 된다.

음반에 넣을 육성편지를 녹음하던 날, 원고지에 짧은 편지를 써오신 부모님들이 한 분씩 아이들에게 인사를 했다. 짧게 줄이느라 지우고 다시 쓰며 애쓴 흔적이 선명한 원고지를 보면대 위에 올려놓고 소리 울림이 어디까지 갈지 알 수 없는 허공을 향해 아이들의 이름을 차례대로 부르셨다. 격렬한 사춘기 시절을 보내고 있던 고등학교 2학년 창현이와 뒤늦은 화해를 하고 싶다던 창현 어머니, 그날 어머니는 창현이가 어릴 때 입던 푸른색 후드집업을 걸치고 아이에게 편지를 보내셨다는 걸 사진을 보고서야 뒤늦게 알아챘다.

말로 다 할 수 없는 이야기를 언제나 온몸으로 그렇게 노래하고 계셨다.

아픔과 슬픔은 N분의 1이 되는 것이 아니었고, 다만 혼자가 아니라는 신호를 지속적으로 보내는 것이 노래가 할 수 있는 일이다. 노래가 스스로 사람들 곁으로 걸어가 시간을 견디고 버티고 이겨내고 있다는 것을 알았다.

이제 음반을 통해 세상에 나갈 노래가 어떤 모습으로 태어날지, 누

격렬한 사춘기 시절을 보내고 있던 고등학교 2학년 창현이와
뒤늦은 화해를 하고 싶다던 창현 어머니,
그날 어머니는 창현이가 어릴 때 입던 푸른색 후드집업을 걸치고
아이에게 편지를 보내셨다는 걸 사진을 보고서야 뒤늦게 알아챘다.
말로 다 할 수 없는 이야기를 언제나 온몸으로 그렇게 노래하고 계셨다.

구를 만나 어떤 일을 해내고 무엇이 될지는 알 수 없다. 여전히 우리는 끝이 없는 이야기를 풀고 담은 노래를 매주 안산에 모여 부를 뿐이다.

아픔과 슬픔은 N분의 1이 되는 것이 아니었고,
다만 혼자가 아니라는 신호를 지속적으로 보내는 것이
노래가 할 수 있는 일이다.
노래가 스스로 사람들 곁으로 걸어가
시간을 견디고 버티고 이겨내고 있다는 것을 알았다.

음악도 사랑하고 싶은 사람이 있다

류형선(음반 프로듀서)

물위에 떨어진 나뭇잎 배는 제 몸이 어디로 가게 될지 알 수 없다. 개울을 지나 시냇물을 거쳐 강으로 가게 될지, 기어이 바다에 이르게 될지, 사나운 소낙비가 들이닥쳐서 기운 센 물살에 휩쓸리다 강기슭 어딘가로 떠밀리거나, 혹은 얕은 개울물 한복판을 버티고 누운 나뭇가지에 걸려 허우적거리다 그만 거기 멈추게 될지, 나뭇잎 배 자신은 한치 앞을 알 수 없다. 그저 온몸을 내어맡기고 물길 가는 대로 살살 떠내려갈 뿐이다.

동요 〈나뭇잎 배〉 속의 아이는 내내 나뭇잎 배를 생각했다. 엄마 곁에 아무렇게 누워 아무리 애써 수다를 떨어보아도 '낮에 두고 온 나뭇잎 배' 생각이 떠나질 않았다.

오십을 넘긴 나이에도 나는 이 노래를 즐겨 부른다. 가슴에 콕 박힌 이 노래가 박혀서 떠나질 않은 탓에 40년을 넘겨 동행하고 있다. 한치 앞을 알 수 없는 상태로 둥둥 떠내려온 내 인생 내내, 나는 낮에 놀다 두고 온 나뭇잎 배 생각이다.

416합창단! 이들의 녹음을 위해 예약된 두 달의 시간이 내내 나뭇잎 배 생각이겠다, 일테면 이런 심정으로 이 사람들을 만났다.

녹음실 풍경

416합창단은 모두 52명이다. 낮은 음에 자신 없는 테너와 소프라노가 절반, 높은 음이 부담스러운 베이스와 알토가 절반, 그중에 단원고 아이들의 엄마 아빠 18분이 중심축을 이루는 순도 백 프로 아마추어 합창단이다.

첫 음반을 만들고 싶은데 어찌하면 좋겠냐고 날 찾아온 날, BOOK&CD 형식이 어떨지 툭하고 의견을 던졌더니 톡하고 그들이 받았다. 하여 음반 프로듀서로 내가 참여했다.

순도 백 프로 아마추어 합창단 음반을 녹음하는 일은 둘 중의 하나를 선택하는 일이다. 예술적 고뇌를 접고 적당히 만들거나, 예술적 고뇌를 살짝 해서 잘 만드는 방법이다. 우린 후자를 선택했는데, 덕

416합창단!
이들의 녹음을 위해 예약된 두 달의 시간이
내내 나뭇잎 배 생각이겠다,
일테면 이런 심정으로 이 사람들을 만났다.

분에 이 사람들은 오래 많이 자주 열심히 녹음해야 했다.

내가 가장 많이 한 말은 "피치 좀 올리세요. 다시 갑시다"였고, 지휘자는 "힘드시죠?"였으며, 단원들은 "뭘요, 괜찮아요"였는데, 가장 고단한 역할이었을 엔지니어는 "와우! 좋은데요"를 연발했다. 표현은 제각각 다 다르지만 실은 다 같은 말을 하는 것이었다. '아! 무지 힘들다.'

반주 녹음은 녹음실에서, 합창 녹음은 과천교회(담임목사 주현신)의 장소협찬으로 진행했는데, 코로나19가 온누리에 창궐하면서 천혜의 녹음공간이었던 과천교회를 사용할 수 없게 되자 중반 이후의 일정은 내내 좁은 녹음실에서 갇혀 지냈다.

합창 녹음을 위해 매주 3일씩 총 6주 정도의 공을 들였다. 그 결과가 지금 이 CD에 녹음된 음원이다. 들을 만하거나 듣기 불편하거나 듣기 힘든 것보다 들을 만한 것이 많거나 적거나 그럴 것이다. 상관없다. 이게 나와 지휘자와 이 사람들의 최선이다. 더 잘할 재주도 이유도 방법도 없다.

녹음하면서 가장 충격적인 경험으로 와닿은 것은 이 사람들의 '먹방문화'였다. 416합창단은 정말 많이 먹었다. 녹음할 때마다 꼬마김밥 여섯 개가 든 '보통'과 열 개가 든 '곱빼기'를 기본으로 제공했다.

단 한 번도 김밥이 남지 않은 날이 없었는데, 덜 먹어서가 아니라 늘 머릿수보다 많이 사와서 그렇다.

낯선 녹음 작업을 하다가 힘들까봐 당분 보충용으로 초콜릿이 필요하다고 살짝 귀띔해주었는데, 그렇게 많은 종류의 초콜릿이 창궐하게 될 줄은 몰랐다. 김밥을 먹고 나면 빵이나 과자를 먹었다. 시도 때도 없이 케이크나 롤케이크 같은 것을 반드시 먹어야 하는 '건수'가 이 집단에는 늘 있었다. 팥양갱 옆에 깨강정, 깨강정 옆에 땅콩강정이 줄을 맞추어 수줍게 놓여 있었다. 곶감은 두 종류인데, 하나는 멀쩡한 곶감이고 또하나는 냉장고 냄새 진하게 배어나는 것까지 싹 쓸어 모아온 곶감이었다. 갖가지 과즙과 과일음료 때문에 손길이 덜 가는 오렌지와 귤과 바나나 같은 과일은 상자 안에 다소곳이 담겨 있었지만, 한 번도 빠지는 일은 없었다. 커피는 매번 핸드드립으로 누군가 온수통 몇 개에 가득 담아와서 다 먹지 못하고 남겼다. 그래봤자 기껏 네 시간 정도 녹음인데, 이렇게 버라이어티하게 먹은 사람들에게 녹음 완료 한 시간 전에는 어김없이 '홍삼 한 뿌리' 콘셉트의 건강음료를 한 병씩 제공했다.

그렇게 먹으면 노래가 잘 안 되는 물리적 이치를 혹시 아느냐고 내가 물었더니, "물론 배가 꽉 차서 호흡이 잘 안 되기 때문이지요"라고, 그리 명쾌한 답변으로 응대한 그 단원의 천진난만한 표정과 쉬지 않는 입놀림이 지금도 눈에 선하다.

내 생각에 416합창단은 아마추어 합창단이기에 앞서 순도 백 프로 '먹방집단'인 게 틀림없다. 합창은, 먹방집단이라는 자신들의 실체를 은폐하기 위한 공신력 있는 구실에 가깝다는 게, 두 달 가까이 곁에서 그들을 지켜본 나의 결론이다.

이 사람들은 또 상당히 수다스럽다. 잠시라도 틈을 주어서는 안 될 집단이었다. 웃을 때는 어김없이 입속이 환히 보이게 깔깔대며 다 같이 웃었다. 노래 부를 때는 "어느 별이 되었을까 무슨 생각 하고 있을까" "잊지 않을게 잊지 않을게 절대로 잊지 않을게" 그리 애처롭고 우아하게 노래했지만, 노래 한 곡의 녹음이 끝나면 흡사 나라를 구한 사람들처럼 넘치는 무용담으로 녹음실이 들썩였다. 그 무용담에 코로나19, 신천지, 이만희의 시계와 전광훈과 여야 차기 대선후보까지 낱낱이 소환되었다.

가장 인상적인 장면은 본인 녹음을 하지 않는 날인데도 굳이 와서 죽치고 앉아 있는 단원들의 모습이었다. 일종의 격려 방문 같은 것인데, 내가 보기엔 그냥 괜히 같이 있고 싶은 것이었다. 널려 있는 음식을 먹거나 지루하기 짝이 없는 녹음을 지켜보면서 꾸벅꾸벅 졸거나 잠을 청하다가, 쉬는 시간이 되면 어김없이 깨어 일어나 초롱초롱한 눈빛으로 무용담에 동참하는 정도가 이들의 역할이었다. 특히 단장과 총무는 단 한 번도 빠지지 않고 와서는 세상에서 제일 착한 표정으로 단원들과 어울렸다.

단원고 아이들 엄마 아빠 18명을 포함한 52명의 416합창단에 대한 나의 모든 선입견은 이 두 달의 녹음으로 완벽하게 깨졌다. 이따금 훌쩍이는 일이 없지는 않았는데, 그나마 그중에서 가장 많이 우는 사람은 지휘자였다. 지휘자는 툭하면 눈물바람이었다. 단원들이 실수로 노래 녹음을 잘하게 되면 어김없이 눈시울이 붉어졌다. 그런 지휘자가, 단원들은 얼마나 고마울까.

합창 녹음은 주로 밤에 이루어졌고, 녹음이 끝나면 밤 10~11시쯤이 되었다. 집으로 가는 길에 거듭 읊조린, 지금까지 내가 '폭로'한 416합창단의 실체를 아래의 시 한 구절이 대변했다. 딱 내 마음 그대로이다.

어쩐지 이 사람들과 친하니 싸다니고 싶은 밤이다
_백석, 「내가 생각하는 것은」 중에서

시작부터 나는 이 녹음의 끝을 걱정했다. 끝은 기어이 올 것이지만, 가능한 한 더디 오기를 바랐다.

노래와 삶이 서로 깃들다

내가 쓰는 곡이 나를 착하게 할 때가 있다. 용서하고 싶은 누군가에게 전화를 걸게 한다. 진즉 용서를 구했어야 마땅한 누군가에게 또 한 통의 전화를 걸게 한다. 용서해야 할 것을 미루며 사는 게, 진즉 용서를 구했어야 마땅한 것을 이런저런 핑계로 접고 사는 속내가, 실은 무척 고단했었나보다. 참 고맙게도, 작곡은 작곡가 자신을 조금 더 기특한 인간으로 치유하는 과정이기도 하다.

물론 그때뿐이다. 마감 이후는 원상복귀이다. 다행스럽게 그런 작품을 또 써내야 하는 게 작곡가의 인생이니, 착해질 기회는 계속 주어진다. 구질구질하고 욕망덩어리일 뿐이고 유약하고 자기연민의 도톰한 외피에 갇혀 안위할 뿐인 인생이지만, 바로 그것 때문에 작곡가는 계속 곡을 써야 한다. 나처럼 많이 모자란 작곡가는 작곡을 많이 할수록 좋을 것이다.

가만 보니 416합창단이 부른 노래들이 다 그런 노래들이다. 이 노래를 만든 작곡가들도 조금 더 착해지는 자신을 체감하면서 곡을 썼을 게 틀림없다.

착해지는 경험으로 작곡된 노래를 부르다보니 노래 부르는 이들도 착해졌다. 빈 벽을 손톱으로 긁어내듯 새겨두고픈 무엇이 있는 이들에게는 그리움일 것이다. 살아온 시간을 멈추고 전혀 다르게 살아

내기 위한 성찰로 안간힘을 쓰는 이들에게는 성찰의 통로였을 것이다. 더는 뒤로 물러설 자리가 없는 절박함 같은 것을 악착같이 붙들고 싶은 어떤 이들에게는 통찰의 세리머니로 와닿았을 것이다. 자신의 인생이 조금은 더 좋은 선택을 할 수 있도록, 보다 더 아름다운 선택을 할 수 있는 일상을 기어이 살아내도록 거듭 또 거듭 부추기는 방식이 노래였을 것이다.

하지만 버겁고 엄중한 일상으로 돌아오면 금방 원상복귀하는 것이 많아서 이들은 기를 쓰고 합창단으로 갔다. 거기 가야 외롭지 않았다. 주눅든 등짝은 펴졌고 놓았던 것을 다시 집어들 용기가 생겼다. 손을 놓친 아이가 구름떼처럼 많은 사람들 속에서 엄마를 찾듯, 그들은 매주 합창단으로 갔다. 같이 있다보면 안심이 되었다. 함께 노래하다보면 보다 너그러운 사람이 됐다. 아기 강아지 무리가 서로의 몸을 포개어 잠을 청하듯, 이 다사로움에 안거하면서 아름다운 감수성을 연단했다. 연단의 과정은 맑고 평화로운 것으로 체험되었다. 아이들을 떠나보낸 이후의 삶이 늘 그랬다. 엄마와 아빠는 너무 늦게 철이 들었고 늦게 든 철이 그들을 노래하게 했다. 노래가 삶이었고 삶이 곧 노래이기도 한, 그 거점이 416합창단이었다.

이 노래들을 만든 작품자들이 416합창단에게 많이 고마워해도 되지 않을까. 나는 이 말을 꼭 하고 싶다. 나의 〈나뭇잎 배〉 같은 대접을 416합창단이 당신 노래에 해주니, 당신 노래의 온전한 가치를 이

만큼 알아주는 이들이 얼마나 고마운가 말이다.

위안

오십을 훌쩍 넘긴 나이에 〈나뭇잎 배〉를 부르는 시간은 대부분 홀로 있는 시간이다. 나는 군더더기 하나 없는 코드를 기타줄로 튕기며 고즈넉하게 노래를 얹어 부르곤 한다.

'외롭고 높고 쓸쓸한' 그즈음은 열 살 형선이가 찾아오는 시간이다. 녀석은 내 무릎을 아무렇게나 베고 누워 흥얼거리다가, 벌떡 일어나 서재 구석구석을 들쑤셔놓는다. 밖에서 뭔 짓을 하다가 들어온 것인지 다 알 수 있게 적당히 튼 손으로 내 두 볼을 꼬집고는 배시시 웃기도 한다. 업어달라고 목을 감아쥐고 칭얼대는 것을 잠시 안아주면 소록소록 순식간에 잠이 든다. 내가 본래 이렇게 귀여운 녀석으로 출발한 인생이었다.

겨우 열 살 형선이가 그리 궁금해했던 앞날을, 이미 마흔 해를 넘겨 살아온 어른 형선이에게, 아! 이만한 위안이 또 있을까.

416합창단은 50명의 단원이 한 곡을 부르지만, 저마다의 속내에는 50개의 별이 뜬다. 다 알 수 없고 다 헤아리기 어려운 기억들이 밤의 별처럼 촘촘하다. 아이가 업어달라고 목을 감아쥐고 칭얼대다

엄마와 아빠는 너무 늦게 철이 들었고
늦게 든 철이 그들을 노래하게 했다.
노래가 삶이었고 삶이 곧 노래이기도 한,
그 거점이 416합창단이었다.

가 잠시 안아주면 순식간에 잠이 들었던 기억으로 반짝, 밖에서 뭔 짓을 하고 들어온 것인지 다 알 수 있게 먼지투성이로 배시시 웃는 모습으로 반짝, 뒤집기 한판에 성공했거나 제 발로 우뚝 선 날의 기억으로 반짝, 말 안 듣고 그리 속썩이고 말문을 꽉꽉 닫아 복장 터지곤 했던 날의 기억으로 반짝…… 그럴 것이다. 다 알 수 없지만 온전히 느낄 수 있다.

노래 한 곡으로 50개의 별이 반짝이는, 아! 이만한 위안이 또 어디 있을까?

울음

스물다섯 해 전, 세 살 터울 동생이 겨우 스물일곱의 젊은 나이에 세상을 떠났을 때, 빈소 한구석에 주저앉은 어머니는 내내 울지 않았다. 형선아, 태선이가 저리 떠났는데 왜 눈물이 나지 않는지 도무지 알 수 없다, 그리 하소연했다. 벌떼처럼 많은 사람들이 와서 어머니 손을 붙잡고 품어주고 울어주었지만 어머니는 끝내 울지 않았다.

빈소의 이튿날, 새벽시간으로 둘째이모가 왔다. 키 140센티 사각형 몸매에 학교라고는 다녀본 일이 없고, 재래시장에서 닭모가지 비틀어 잡아 팔며 하루하루 사는 둘째이모는 빈소 입구에서부터 그렁그렁, 내 어머니인 동생을 비명처럼 불렀다. "병란아! 병란아! 어쩔거나 병란아!"

비로소 어머니의 눈물이 터졌다. 두 살 터울 언니 품에서 겨우 터진 눈물은 꾹꾹 눌러 참은 어머니를 험하게 다루어, 어머니는 기진맥진할 때까지 울어야 했다. 비로소 세상이 다 울었다. 그 눈물로 겨우 아들이 보였다. 어머니의 나뭇잎 배는 둘째이모의 품이었다.

416합창단이 노래하니, 더 울어야 마땅했던 이들이 비로소 울었다. 아직 울고 있는 중인 이들은 통곡하며 울었다. 울 기회를 갖지 못한 이들이 울었고, 우는 이들을 지켜보는 주변도 따라 울었다. 노래 부른 이들은 당연히 울었다. 노래 부르다 시도 때도 없이 울음이 목울대를 옥죄어, 차마 입 밖으로 내지 못하는 노래를 속으로 꾹꾹 눌러 불렀다. 울음은 416합창단이 노래해야 할 이유의 명백한 단서였다. 울어야 아이들이 보였다. 그 울음의 의미를 단 한 번도 따져보지 않았으나 모르는 이는 아무도 없었다.

"눈에 눈물이 어리면 그 렌즈로 하늘나라가 보인다."
_함석헌

나는 이 나라가 다 운 것인지, 왜 더 울지 않는지 궁금하다. 울어야 마땅한 일이 이리 넘쳐나는데 이 나라는 왜 울지 않는 것일까? 416합창단의 음악과 책이 이 나라 사람들에게 꼭 필요한 이유이다.

작고 낮고 느리게

노래는 분노를 대신하기도 했다. 마른 나뭇잎처럼 거리 한 귀퉁이에 나뒹굴어야 했던 외로움을 꾹꾹 다독이는 힘이었다. 희망의 끝자락을 단단히 거머쥐기 위해 안간힘을 쓰는 방식이기도 했다. 노래 부르기 위해 온 땅을 횡단하다 잠시 주저앉는 안온한 휴식조차 노래였다. 그렇게 416합창단의 노래와 노래 부른 시간과 장소가 죄다 세월호였다.

바로 그날, 아이들 곁에 서서, 강기슭으로 떠밀리면 물길을 터주고, 큰 나뭇가지에 걸릴 것 같으면 온몸으로 치워주고, 소낙비라도 내리면 대신 맞아주고, 개울을 지나 시냇물과 큰 강을 거쳐 마침내 바다로 이르게 하고픈, 한치 앞을 알 수 없는 앞날과 설렘 가득한 세상을 그렇게 살살 나뭇잎 배로 흘러가도록, 엄마와 아빠로 사는 소박한 책무를 우리 아이들에게 다하고 싶었을 따름이다.

흔하디 흔한 것이 실은 가장 소중하다. 정녕 소중한 것은 값을 매길 수 없어서 다 공짜다.

공짜로 주어진, 흔하디 흔한, 작고 낮고 느려서 더없이 소중한 것. 416합창단이 『노래를 불러서 네가 온다면』으로 세상에 귀띔하고픈 것이 바로 이것 아니겠는가.

음악의 사랑을 받을 자격

나는 평생을 작곡가로 살았다. 작품을 써서 음반이나 공연으로 발표해야 우리 네 식구의 생존이 가능했다. 그렇게 집적된 시간을 더하다 보니 저절로 알아지는 것들이 있는데, 그중에 아직 해결하지 못한 화두가 하나 있다.

음악을 사랑하는 사람은 많지만 음악의 사랑을 받는 사람은 지극히 제한적이다. 그 기준은 무엇일까? 음악이 자신을 기꺼이 허락할 만한 자격을 갖춘다는 것, 음악의 사랑을 듬뿍 받을 자격을 갖추며 산다는 것, 그게 뭘까?

나는 이 질문을 평생 거머쥐고 갈 것이다. 다만 416합창단의 음악과 책이 근접한 답변이 될 것은 틀림없다. 416합창단은 음악의 사랑을 받을 자격을 갖춘 사람들, 그리고 음악에게 누군가를 사랑할 기회를 주고픈 사람들이기에.

류형선

작곡가, 음반 프로듀서. 현 전라남도립국악단 예술감독. 경기학교예술창작소 수석마스터. 전 국립국악원 예술감독. KBS 국악대상 수상.

3부

기다리는 사람들아, 힘을 내어라

안산에서
캐나다까지
416합창단
공연일지

2014년

12월 20일	와동체육관, 그간 함께해주신 분들에 대한 감사공연. '엄마의 노란손수건'과 같이 노래하다.

2015년

8월 29일	세월호 참사 500일 추모문화합창제 〈여기, 사람들 있네〉 평화의나무합창단 기획공연
10월 16일	마포 세월공감 추모문화제
11월 30일	김원중의 달거리공연 〈세월호를 기억하는 문화제〉
12월 1일	2015 인권콘서트 〈인권, 다시 희망을 노래하다〉
12월 6일	세월호 600일 안산추모제
12월 20일	성남시청 송구영신 문화제 〈까치의 송년아리랑〉
12월 29일	전북교육청 초청공연
12월 31일	광화문 송구영신문화제

노래하던 '처음'이 생각납니다.

합창단을 처음 시작한 때부터 함께하시는 지휘자님과 평화의나무합창단분들이 떠오릅니다. 겉으로는 씩씩해 보여도 혼자 있을 때, 일상으로 돌아갔을 때, 힘든 시간을 잘 견딜 수 있었던 것은 함께 노래했던 시간을 통해 마음에 위로와 치유를 받았기 때문입니다. 합창단이 없었다면 버틸 수 없을 거란 생각이 들어 가족보다 친근하고 사랑스러운 사람들이에요.
지휘자 박미리 선생님이 제안하시고 처음 만나서 대기실에 둘러앉아 노래하던 때를 잊을 수가 없습니다. 누군가 힘이 되는 분이 누구냐 물어보면 늘 합창단분들이라고 얘기합니다.

서로 말하지 않아도 눈물의 의미를 알기 때문에
이분들과 영원히 함께하고 싶습니다.

이영만(2학년 6반) 어머니 이미경

2016년

1월 12일	전교조 제15회 전국참교육실천대회
1월 15일	416가족의 밤
1월 16일	한양대 에리카캠퍼스 초청강연 및 공연
2월 3일	일본군 성노예제 문제 해결을 위한 수요문화제
2월 27일	광화문 민중총궐기
3월 4일	故 황유미 9주기 및 삼성전자 산재 사망 노동자 추모문화제
3월 12일	4.16연대 총회 다짐문화제 〈4월 16일의 약속〉
3월 17일	미수습자 가족과 함께하는 인양콘서트
3월 19일	세월호 참사 700일 추모제
3월 23일	익산 2주기 기억음악회 〈세월호로 세상을 보다〉
4월 3일	성남시청 2주기 추모문화제

우리끼리 모이는 곳이 아닌 다른 아픈 곳에 처음으로 찾아간 곳. 추운 겨울 일본대사관 앞 비좁은 길거리에 계시던 일본군 위안부 피해자 할머니들을 찾아갔다. 우리 노래가 무슨 위안이 될까 생각하며 찾아갔지만, 그곳에 가는 것 자체로 마음을 같이한다는 걸 알았고, 오히려 아픔을 가진 우리도 위로자가 될 수 있음에 감사했다.

문지성(2학년 1반) 어머니 안명미

2016년

4월 9일	세월호 참사 2주기 특별콘서트 〈약속〉
4월 10일	마포 세월공감 2주기 기억문화제
4월 14일	완주 2주기 추모문화제
4월 15일	안산시립오케스트라 추념음악회 협연
4월 16일	세월호 참사 2년 기억식
4월 25일	제주 중앙병원 화물기사 김동수를 위한 〈아픈 사람끼리〉 작은 음악회
5월 18일	광주 5.18 오월국제교류음악회

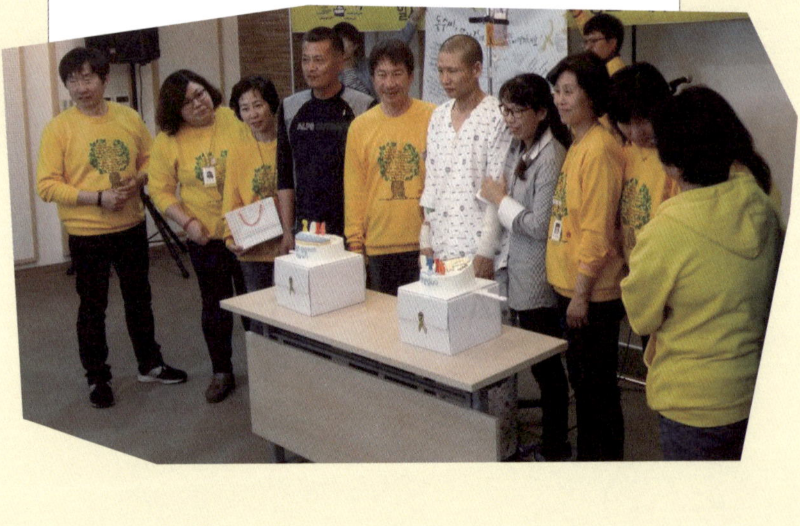

그날 세월호가 기울어갈 때 단원고 아이들 구조에 힘쓴 세월호 생존자 김동수씨는 그 트라우마를 이겨내지 못하고 제주도의 한 병원에 입원해 있었습니다. 많은 세월호 활동가들의 돌봄을 받으며 병세가 호전되기를 바라는 응원의 메시지들이 SNS상에 가득했지요. 우리 416합창단이 할 수 있는 건 노래라 생각해, 김동수씨 한 분을 위한 공연을 제주도에서 하기로 했어요. 그날이 월요일이었음에도 많은 단원들이 같은 마음으로 함께했고, 아침 비행기로 가서 응원공연을 하고 오후 비행기로 다시 안산에 와서 합창 연습까지 한 기억은 지금 생각해도 뿌듯합니다. 김동수씨가 그 마음들을 기억하며 잘 이겨내셨으면 좋겠습니다.

이창현(2학년 5반) 어머니 최순화

2016년

5월 22일	용인 고기교회 초청공연
6월 15일	서대문 옥바라지골목 철거반대 농성장 지지공연
6월 18일	故 김관홍 잠수사 추모의 밤
6월 22일	인천 해인교회 초청공연
6월 25일	광화문광장 범국민대회 〈더이상 죽이지 마라〉
6월 27일	정부서울청사 앞 가족협의회 국민촛불농성장 공연
6월 30일	4.16안산시민연대 창립총회 및 발족식
7월 16일	일하다 죽은 하청노동자를 기억하는 시민추모문화제
7월 20일	『416 단원고 약전』〈짧은, 그리고 영원한 북콘서트〉
7월 23일	세종시 노란우산 프로젝트 공연
8월 6일	대학로 마로니에 촛불 공연
8월 24일	2016 충남농민 전진대회
9월 8일	백남기 농민 국가폭력발생 300일 촛불문화제

한 사람을 위한 공연이 기억나네요. 2016년 4월 25일 제주 중앙병원에서 했던 화물기사 김동수씨를 위한 공연이 많이 생각나요. 〈이픈 사람끼리〉 작은 음악회를 했는데요. 김동수씨는 단원고 학생들을 구조한 이후 많은 트라우마가 있어 자해를 여러 번 했어요. 죽지 말고 끝까지 살자고 우리 416합창단이 제주도에 가서 〈인간의 노래〉를 불러준 게 제일로 기억나네요.

동수야, 죽지 말고 함께 살자. 아자아자!

이창현(2학년 5반) 아버지 이남석

2016년

9월 21일	연세대학교 신학대학원 채플공연
10월 2일	향린교회 예배 초청공연
10월 3일	작은교회 박람회 초청공연
11월 5일	광화문 범국민대회
11월 8일	신학생들의 시국선언
11월 27일	전주제자교회 초청공연 및 간담회
12월 4일	청파교회 초청공연
12월 10일	광화문 범국민대회
12월 15일	2016 안산온마음센터 4.16 가족 송년회 〈빛을 밝히다〉
12월 21일	세월호 가족과 함께하는 성탄예배
12월 25일	부당해고를 당한 KTX 여자 승무원 연대, 〈고난받는 이들과 함께하는 성탄절 연합예배〉 공연

노래라는 게 참 신기해서요,

노래를 부르는 동안 마음이 노랫말을 닮아가거든요.

우리가 수도 없이 불렀던 "세상을 바꾸어낼 거야 반드시 약속해"라는 그 가사가 제 마음을 이끌어가는 걸 느낍니다. 416합창단에서 노래하는 모든 시간은 그 다짐을 늘 떠올리게 합니다. 기울과 나침반처럼, '나는 지금 잘살고 있나?' '내 일상이 세상을 바꾸는 작은 발걸음일까?' 늘 생각하게 합니다.

일반 시민단원 김진수

2017년

1월 7일	충남교육청 초청공연
1월 7일	세월호 참사 1000일 광화문 추모제
1월 10일	전교조 제16회 전국참교육실천대회
2월 12일	제일교회 예배 초청공연
3월 6일	삼성전자 산재 사망 노동자 故 황유미님 10주기 문화제

2017년 3월 유난히 추웠던 그날, 416합창단은 강남역에서 노래했습니다. 故 황유미님의 10주기를 맞아 삼성전자 산재 사망 노동자 추모문화제에 함께하기 위해서요. 그날 강남역 앞에 모인 연대인들은 흰 방진복을 입고, 피해자들의 얼굴과 이름 그리고 돌아가신 날과 그 이유가 쓰인 팻말을 들고 있었습니다.

우리는 그 앞에서 〈잊지 않을게〉를 불렀지요.

"잊지 않을게, 잊지 않을게, 절대로 잊지 않을게."

저는 노래를 하며 그 이름 하나하나, 그 얼굴 하나하나를 찬찬히 보았습니다. 이들을 잊지 않는 것이 무엇일까 생각하면서요.

잊지 않는다는 것은

그 이름들을 기계적으로 외는 게 아니라,

내 삶으로 죽음의 문화와 맞서며,

다시는 이런 죽음이 없는 세상을 만드는 것이겠지요.

그래서 저는 416합창단에서 여전히 노래합니다.

일반 시민단원 김진수

2017년

3월 16일	대전팝스오케스트라 세월호 참사 3주기 추모음악회 협연
3월 28일	전교조 고흥지회 출범식 및 중학교 초청공연
4월 11일	세월호를 기억하는 그리스도인 음악회 〈세번째 봄, 열일곱의 노래〉 기획공연
4월 13일	장신대학교 채플 초청공연

가장 인상깊었던 공연은 전라도 고흥 시골학교에서의 공연이었습니다.
전교생이 40여 명밖에 되지 않는 학교지만 우리 합창단을 반갑게 맞이해주고, 집중해서 공연을 보고 서로 공감하는 모습에 감동받았고, 그 순수함에 눈물이 났어요.

김성현(2학년 5반) 어머니 한경숙

2017년

4월 14일	거창고등학교 초청공연
4월 15일	광화문 3주기 추모제 〈다짐의 4월〉
4월 16일	세월호 가족과 함께하는 부활절 연합예배 〈예수가 여기 계시다〉
4월 19일	안산대학교 초청공연
4월 21일	인천 작은 평화 도서관 초청음악회
4월 29일	광화문 고공단식농성 투쟁승리문화제

거창고등학교 강당, 아이들의 숨결이 고스란히 느껴지는 공간에서 아이들 눈망울을 마주하고 노래를 부를 때, 부모님들은 가슴이 저미는 듯 아프면서도 아이들의 호응을 보며 큰 위로를 받았습니다. 일반 강당과는 달리 강당 무대와 학생들 객석의 거리가 상당히 가까웠고, 그만큼 아이들의 호응이 고스란히 전달되었던 기억이 있습니다. 여러 번의 학교 공연 가운데서도 거창고 공연이 특히 인상에 남는 이유는 아마도 저 혼자 느꼈을지도 모를 감정적 충격 때문입니다. 416합창단 공연과 거창고 아이들이 준비한 합창이 끝난 뒤였을까요?
아이들이 촛불을 켜들었습니다. 강당은 나무 패널벽으로 되어 있고 긴 나무의자에 아이들이 빼곡히 앉아 있었습니다. 행사가 마무리될 즈음에 아이들이 손에 손에 촛불을 켜들었는데, 그 순간 저는 가슴이 졸아들었습니다. 무대에서부터 뒤로 갈수록 바닥이 높아지는 건물구조였고 창문에는 커튼이 쳐져 있었는데, 갑자기 갇힌 느낌이 들었습니다.

막힌 공간에 수많은 촛불이 켜져 있는 장면을 보는 순간, 4월 16일 그날 아이들이 갇혀 있던 배가 떠올랐습니다. 그 말을 옆 사람에게 할 수는 없고 자꾸만 가슴이 졸아들었습니다.

'강당 안에 모여 있는 아이들 수보다 더 많은 아이들이 그날 세월호에 갇혀 있었겠구나, 여기서 촛불을 켜면 안 되는데…… 위험한데. 이게 아닌데…… 나 같은 심정을 느끼는 부모님이 있을지도 몰라. 그렇다면 견디기 힘들 텐데.'

불안한 마음이 들면서 어머니들이 괜찮을까 걱정까지 늘었습니다. 행사가 끝나고 아이들이 모두 강당에서 빠져나갈 때까지 저는 그 불안감에서 벗어나지 못했습니다. 그런 경험은 저로서는 처음이었습니다. 부모님들은, 가족들은 문득문득 언제, 어디를 가서라도 그런 상황을 연상하고 그런 감정에 휩싸일 수 있겠구나 싶었습니다.

거창고등학교 공연은 그런 기억으로 남아 있습니다.

일반 시민단원 이순희

2017년

4월 30일	목포신항 416합창단 100번째 공연 〈별과 함께, 별들아 집에 가자〉

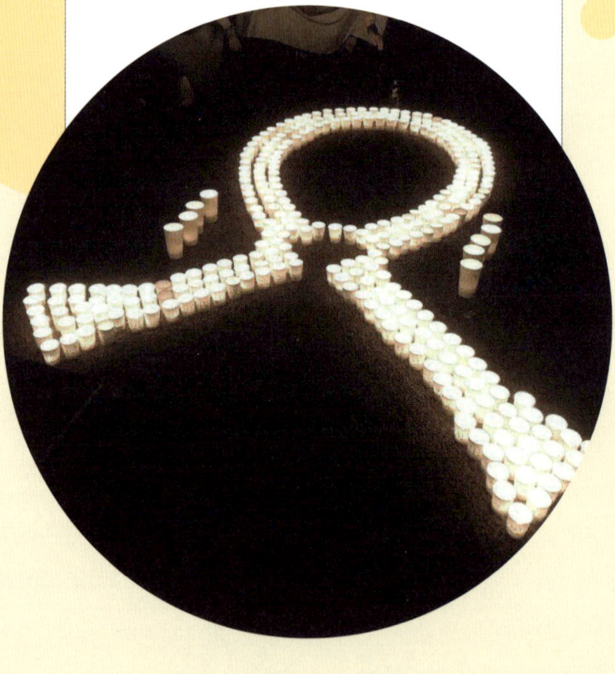

목포신항 근처 공원에서 했던 100번째 공연.

3년 만에 인양된 세월호가 온몸에 병이 든 채로 목포신항에 눕혀졌을 때, 미수습자 9명이 그 안에서 수습되기를 간절히 바라며 목포신항 근처 한 공원에서 별이 된 우리 아이들만을 위한 공연을 했다. 304명의 이름으로 촛불을 밝히고 그 촛불로 리본을 만들어놓고 별이 된 우리 아이들을 관객 삼아 노래했을 때, 하늘에선 별들이 반짝거리며 화답했고 우리는 가슴에 쌓인 그리움을 풀어낼 수 있었다.

이창현(2학년 5반) 어머니 최순화

2017년	
5월 18일	5.18민주묘지 참배 및 광주 오월국제교류음악회
5월 20일	故 노무현 대통령 서거 8주기 시민문화제
5월 27일	실상사 지리산 세월호 천일기도 〈생명평화합창제〉
6월 9일	이한열 열사 30주기 문화제
6월 10일	6월민주항쟁 30주년 인천시민대회
6월 28일	스텔라데이지호 실종자 가족들을 위한 예배
7월 12일	부당해고를 당한 동광기연 노동자 투쟁문화제
7월 16일	메탄올 실명 피해 노동자 토크 공연 〈누가 청년의 눈을 멀게 했나〉

"젊은이들이 시력을 잃었습니다.

환기도 되지 않는 최악 조건의 사업장.

누군가는 해야 할 위험한 일이라면

더 안전해야 하고 더 대접받아야 합니다.

위험하다는 고지조차 하지 않았던

자본주의의 여러 횡포로 인하여

우리 젊은이들은 마음까지 다칩니다."

2017년 7월 중순 가톨릭청년회관에서 있었던 〈누가 청년의 눈을 멀게 했나〉라는 메탄올 피해 노동자 토크에서 했던 발언 중 일부입니다. 당시는 젊은이 6명의 실명에 안타까워 힘이 되었으면 하는 마음이 간절했는데, 이후에 다시 보니 여러 위험한 사업장에 故 김용균님, 故 이민호군이 있었습니다.

김제훈(2학년 8반) 어머니 이지연

2017년

7월 30일	차별에 저항한 영상활동가 故 박종필 감독 추모식
8월 3일	TBS 교통방송 ‘안민석 북콘서트’
8월 4일	돌마고 KBS MBC 노사투쟁(KBS방송국)
8월 5일	416TV 3주기 마로니에 촛불
8월 10일	故 노무현 추모제 〈노무현입니다〉
8월 15일	전국장애인차별철폐연대 광화문농성 5주년 문화제
8월 25일	돌마고 방송국 투쟁(청계광장)
9월 2일	진주 기억 더하기 진실콘서트 〈The 외치다〉
9월 9일	인천평화창작가요제 초청공연
9월 13일	안산 노동열사 추모제
9월 23일	평화의나무합창단 10주년 기획공연 연합공연
10월 18일	Mnet 〈더 마스터〉 이승환 공연 코러스 녹화
10월 21일	전국민주시민합창축전 〈촛불을 넘어 광장을 넘어〉
	세월호 2기 특조위 출범촉구집회
10월 24일	MBC 긴급파업 요청공연
10월 27일	4.16해외연대 포럼 교류의 밤
10월 28일	촛불 1주년대회 〈촛불은 계속된다〉
11월 3일	전교조 고양중등지회 참교육한마당 〈경계를 넘어〉
11월 8일	충북 제천 세월호대책위 서명전 응원공연
11월 11일	광화문 〈정치 페스티벌〉 공연, 광화문 촛불문화제

11월 15일	한신대 사태 투쟁현장 응원공연
11월 16일	반올림 10주년 문화제
11월 17일	대구 4.16대책위 서명 연대공연
11월 23일	생명안전시민넷 출범식
12월 1일	수원지역 송년문화제 〈4.16 당신을 기다립니다〉
12월 9일	안산사동 페미니스트 북카페 '펨' 개관식 요청공연
12월 12일	양심수 전원 석방촉구 노동자 행동의 날 문화제
12월 15일	416합창단 기획공연 〈세월, 아픔 너머〉
12월 20일	세월호 가족과 함께하는 성탄예배
12월 22일	2017 안산온마음센터 가족 송년의 밤 〈이 길 끝에 봄〉
12월 27일	하이디스 수요 집중문화제

2018년	
1월 9일	서촌 궁중족발 투쟁현장 응원공연
1월 24일	파인텍 투쟁 승리를 위한 결의대회
	TBS 특별기획 다큐멘터리 〈대한민국 민주공화정 100년의 약속〉 합창 촬영
2월 2~3일	416합창단 모꼬지 소통과 힐링의 시간 〈우리를 위한 외출〉
2월 3일	진상규명 행동 선포대회
2월 8일	쌍용자동차 평택 목요촛불문화제
2월 28일	쌍용차 해고자 전원복직 희망행동 〈공장으로 가는 길 모두〉
3월 5일	예수살기 10년 총회 요청공연
3월 6일	故 황유미 11주기 문화제
3월 16일	동탄국제고등학교 초청공연
3월 17일	4월 16일의 약속 국민연대 4기 정기총회

3월 25일	일산 은혜교회 〈주님과 이웃의 고난을 기억하는 음악회〉
3월 26~31일	MBC 4주기 416합창단 다큐 녹음
4월 7일	인천 마샘 제3회 시가 흐르는 음악회 〈네번째 봄, 공감 0416〉
4월 12일	세월호 참사 4주기 추모기도회
4월 13일	세월호 참사 4주기 수원시민문화제 〈네번째 봄, 멈출 수 없는 진실의 길〉
4월 14일	4.16 세월호 참사 4주기 국민 참여행사 〈4월 16일의 약속 다짐문화제〉
4월 15일	세월호 4주기 성남 추모식과 추모 문화제 〈기억하고 희망하는 봄〉
	세월호 참사 4주기 기억예배 〈ReBorn〉
4월 16일	MBC스페셜 〈너를 보내고, 416합창단의 노래〉 방영

2018년

4월 18일 일산 정발고등학교 세월호 4주기 추모음악회 〈기억 그리고 다시, 봄〉

저는 학교로 공연 갈 때 가장 긴 여운이 남아요.
학생들을 보면
교복 입은 우리 아이가
금방이라도 저한테 올 것 같은 느낌이 들거든요.
노래 부르면서 눈물이 고인 적도 많습니다.

인태범(2학년 5반) 어머니 정경희

2018년

4월 19일	전주 416 기억과 행동 그리고 평화 〈생명 평화 음악제〉
	전주 신흥고등학교 초청공연
4월 27일	전국장애인차별철폐연대 공간 마련 대항로파티

세월호 부모님들과 함께 노래하는 416합창단원 임재옥입니다. 저는 유가족은 아니지만 부모님들이 가시는 곳은 어디라도 함께 가고 있습니다.

저는 무조건 부모님들 편입니다.
자식을 왜 잃어야 했는지 원인도 모른 채
국가와 사회로부터 철저히 배제되고
갖은 모욕과 수치를 겪으며
삭발과 풍찬노숙 등 말할 수 없는 고통을
감당했던 분들이기 때문입니다.

또한 세월호 참사의 진실을 알리고 책임자를 처벌하여 마침내 모두가 안전한 사회를 만드는 일이 결코 부모님들만의 일이 아니기 때문입니다.

마찬가지로 저희는 오늘 무조건 전국장애인차별철폐연대 편을 들러 왔습니다.

누구도 배제되지 않고 살아갈 권리를 되찾기 위해
목소리를 내는 여러분을 편들기 위해 왔습니다.

장애는 어느 누구의 문제가 아닌 나 자신, 우리 모두의 문제이기 때문입니다.
사람의 생명과 존재보다 중요한 건 없습니다.
누구에게나 생존권을 지키고 자립해서 살 권리, 시설에서 나와서 살 권리가 있습니다. 부양의무제 폐지, 장애등급 폐지, 발달장애 국가책임제 등에 대해 우리 손으로 만들어준 촛불정부는 속히 실질적인 대책을 내놓아야 할 것입니다.

편견과 배제 없이 타인을 환대하고 정성어린 관심으로 사회를 아름답게 변화시키는 전국장애인차별철폐연대야말로 우리 모두에게 힘을 주는 이 세상의 진정한 동지요, 참된 친구입니다.
여러분께 진심으로 감사드립니다.

어떠한 사람도 편견 없이 친구가 되고

배제 없이 이웃이 되는 세상을 위해,

누구나 동등한 권리를 누리며

차별 없이 인정받는 세상을 위해,

힘이 약하고 가난하고 소외된 사람들,

몸과 마음이 불편한 사람들이

각자의 방식대로 맘 편히 살 수 있는 세상을 만들기 위해,

우리들이 함께 내는 연대의 목소리는

더욱 크고 우렁찰 것입니다.

모두 세상 밖으로 나가 더 크게 외칩시다.

우리가 세상의 주인이라고!

우리 이야기를 들으라고!

함께 옆에 있는 사람의 손을 잡읍시다!

마지막 곡 〈손을 잡아야 해〉 들려드리겠습니다.

일반 시민단원 임재옥,

전국장애인차별철폐연대 공연 발언에서

2018년	
5월 6일	청파교회 초청공연
5월 9일	전교조 고흥지회 초청공연
5월 12일	416재단 창립대회
5월 15일	일산 대화중학교 초청공연
5월 16일	상암 MBC 갤러리 〈너희를 담은 시간〉 전

별 꽃 나무 바람 햇살
무엇으로든 다시 오라고
꽃잎 한 상 풀잎 한 장
아프게 기쁘게 조심스레
수놓고 또 놓고
그렇게 너희를 담은 시간
엄마는 떨리는 심장으로 전합니다.

"작품이 아니라
우리 아이입니다."

〈너희를 담은 시간〉 전에서

2018년

5월 18일	연세대학교 〈416합창단과 함께하는 시대의 아픔을 기억하고 회복을 꿈꾸는 토크 콘서트〉
5월 26일	천주교 수원교구청 〈2018 생명사랑축제〉
5월 31일	민주노총 한상균 전 위원장 석방환영식 〈한상균이 갇혀 있던 894일, 우리가 함께한 시간〉
6월 2일	희망굴뚝 200일 울뚝불뚝 희망문화제

공장으로 돌아가기 위해

허공에 몸을 매달아야 했던 사람들.

가족들과 단란하고 평범한 삶을 꿈꾸던 박준호와 홍기탁.

그 평범한 삶을 살기 위하여

오늘 그들은 75미터 굴뚝에서 잠이 듭니다.

굴뚝 투쟁은 잊히지 않기 위한 몸부림이요,

약속을 지키라는 절규입니다.

이들의 몸부림과 절규로

우리는 조금씩조금씩 더 건강한 사회로 나아가고 있는 것입니다.

안산 생명안전공원 부지의 흙을 떠다 심은 참외 모종을

굴뚝 위로 올립니다.

노란 참외 노란 희망이 열리기를 기원하며……

하늘감옥 200일,

박준호

홍기탁

집으로 돌아갈 때까지

건강을 기원합니다.

2018년	
6월 14일	강남향린교회 강제 집행 문제 해결을 위한 목요기도회
6월 22일	KBS시청자광장 〈너희를 담은 시간〉 전
7월 4일	문송면 원진 30주기 추모와 반올림 농성 1천 일 맞이 〈삼성 포위의 날〉

영문도 모른 채 고통을 겪다가
먼저 떠나가신 님들의 빈자리가
한없이 크게 느껴지는 시간입니다.
누군가의 사랑스러운 자녀였고
누군가의 자랑스러운 부모였을 님들은
오늘을 살고 있는 우리들에게
어떻게 살고 있느냐고 묻고 계시네요.
어제도 다짐했고
오늘도 다짐합니다.
먼저 가신 님들 보시기에 부끄럽지 않도록
떳떳하게 살겠노라고
향기나는 삶을 살아내겠노라고……

이창현(2학년 5반) 어머니 최순화,

〈삼성 포위의 날〉에서

2018년

7월 14일	광화문 416광장 4년 시민문화제, 대한문 쌍용자동차 노동자 故 김주중님 조문
7월 23일	416합창단 공개연습
7월 27일	故 박종필 감독 추모포럼 마로니에 추모문화제
8월 4일	416TV 4주기 마로니에 촛불
8월 11일	판문점선언 이행을 위한 남북노동자통일축구대회 환영행사 〈427 대합창〉

8월 19~20일	416합창단 모꼬지 〈토닥토닥 워크숍〉
8월 28일	전주 KBS 〈너희를 담은 시간〉 전
8월 31일	2018 가습기 살균제 피해자 대회
9월 6일	대전기독교시민사회운동연대 창립예배 초청공연
9월 7일	故 노회찬 국회의원 추모문화제
9월 16일	별나래 안산공연
10월 10일	파업가 김호철 〈노동은〉 음반녹음
10월 13일	광화문 세월호 참사 국민대회

노회찬 의원님께서 첼로 연주를 즐기셨다는 사실을 알게 되었을 때, 어쩌면 우리 416합창단과도 함께 연주할 수 있는 날이 올 수 있지 않을까? 하는 기대감을 갖게 되었고, 함께 연주하는 모습을 상상하기도 했습니다.

자신의 목소리를 가질 수 없는 시대의 약자들에게 노의원님은 그들의 목소리가 되어주고, 그들의 비빌 언덕이 되어주는 분이라는 걸 알고 있었고, 그분이 꿈꾸는 세상 속에는 세월호 참사의 문제 해결도 포함되어 있다고 믿었기 때문입니다.

우리에겐 지금도 노회찬 의원님이 절실하게 필요한데 말 한마디 건네보지 못하고 떠나보낸 게 많이 서럽습니다.

가진 게 너무 많아서 도저히 고개가 숙여지지 않는 정치인들을 비롯한 '갑'들의 기름진 목소리들이 너무도 많아 메스껍기까지 한 이때, 이 느끼함을 한 방에 날려줄 의원님의 위트 넘치는 한마디가 너무 그립습니다.

너무 빨리 우리 아이들 곁으로 가버린 노회찬 의원님!

보고 싶습니다.

이 가슴 시린 그리움은 마음속의 피눈물로 거르고 걸러서 영롱한 진주로 빚어내겠습니다.

첫번째 노회찬은 갔지만 두번째, 세번째, 열번째, 백번째, 천번째 노회찬은 계속 생겨나고 자라고 있습니다. 여기 모인 우리도 천한번째 노회찬을 꿈꾸며, 남겨놓은 말씀들을 되새기겠습니다. 그래서 의원님이 꿈꾸던 세상, 우리 아이들이 꿈꾸던 세상을 보다 앞당기겠습니다.

이창현(2학년 5반) 어머니 최순화

2018년	
10월 20일	416합창단 기획공연 〈별을 품은 시간〉
10월 30일	2018 세계평화대회 초청공연
11월 1일	광화문 목요기도회
11월 3일	제2회 전국민주시민합창축전 〈꽃피어라 민주주의야〉
12월 7일	수원4.16연대 송년문화제
12월 9일	포천 일동감리교회 416합창단 초청 작은 음악회
12월 12일	랄랄라&살자살자 생명콘서트 〈희망을 합창하다〉
12월 13일	안산온마음센터 416가족 송년모임 〈내 마음에 ON〉
12월 18일	세월호 안산지역 송년회 〈고마워! 4.16친구들〉
12월 21일	416가족과 함께하는 성탄예배 〈별 따라 예수께로〉
12월 22일	제주 4.3 70주년 4.3평화합창단 창단공연 〈평화와 인권의 하모니〉

416합창단이 4.3평화합창단과 함께한 〈평화와 인권의 하모니〉 무대로 200회 공연을 맞이했습니다.
아이들의 목숨을 앗아간 채 차마 눈뜨고 볼 수조차 없는 처참한 몰골로 세월호가 돌아온 목포에서 100회 공연을 했고, 아이들이 즐거운 수학여행을 떠나 친구들과 행복한 추억을 만들었어야 할 제주에서의 200회 공연이라 가족들의 마음은 더 아팠을 것입니다. 가족들은 모두 아이들이 만들어주는 일이라고 생각합니다.

마음이 너무 아파서 차마 가보려 엄두도 못 냈던 땅 제주……
그 땅을 또다른 아픈 사람들이 불러주셔서 두 발을 딛고 함께 설 수 있었습니다.

4.3평화합창단의 무대는 감동이었습니다. 평균 연령이 70세일 정도로 연세가 많으심에도 악보를 들지 않고 다 외워서 합창하려면 얼마나 많은 노력이 필요했을까요?

같은 아픔을 가진 사람끼리 앞으로 함께
할 일들이 많았으면 좋겠습니다.

2018년

12월 23일	제주 제2공항 건립반대 단식투쟁 김경배 지지 방문

제주 4.3평화공원을 방문했습니다. 유가족의 안내를 받아 참배하고 위패 봉안실로 들어가니 희생된 사람들의 수많은 이름이 마을별로 적혀 있었습니다. 위령제단 옆쪽 공간에는 행방불명인 분들의 표석이 있는데, 제주 어느 곳에 아직도 묻혀 있거나 바닷물에 던져져 유해를 찾지 못하는 등 이름으로만 기억되는 사람이 무려 3895분이랍니다. 제주뿐 아니라 경인, 대전, 영남, 호남 등 육지에서 행방불명된 사람들도 많다는 사실이 놀라웠습니다.

평화공원을 둘러보며 역사를 기억하지 않는 민족은 미래가 없다는 말이 생각났습니다.

제대로 밝혀지지 않고 왜곡된 역사로 인해 또다시 반복되고 있는 비극들……

이 악순환의 고리가 언제쯤이나 끊어질 것인지 아득하기만 합니다.

아픈 현장을 보면서 한편으로는 부럽기도 했습니다. 넓은 장소에 깨끗하게 정리된 4.3평화공원만큼도 아닌 아주

작은 곳에 세월호 아이들이 함께 모여 있게 해달라는 것조차 반대하며 입에 담기도 힘든 혐오스러운 표현을 하는 사람들……
그들은 역사에 어떤 이름으로 기억되고 싶은 것일까요?

생명안전공원이 꼭 만들어질 수 있도록, 여러분 힘을 모아주세요.
아이들을 잊지 말고 기억해주세요.

2018년

12월 24일	파인텍 굴뚝농성 408일 굴뚝 농성장 문화제 연대
12월 29일	비정규직 故 김용균 제2차 범국민 추모제

합창이 끝나고 무대를 내려오는 우리를
故 김용균님의 부모님이 찾아오셔서,
자식 잃은 부모들끼리 끌어안고
눈물로 서로의 위로를 나눴습니다.
더이상 자식 잃은 부모가 투사가 되어
거리로 나오는 이런 일이
일어나지 않는 세상이길 간절히 소망합니다.

2019년	
1월 8일	감리교 신학대학교 경기연회 동문신년회
1월 18일	용산참사 10주기 기억과 추모의 밤 〈용산참사, 그리고 나〉

참하느님, 참된 진리를 찾는 게 목사님들의 목표이듯이
사실 그대로의 진실을 찾는 게 우리 부모들의 목표입니다.
그날 그 바다에서 무슨 일이 있었는지 진실을 알고 싶을 뿐입니다.
그래서 우리의 목표는 같습니다.
교회나 세월호나
'진짜'를 찾는 한 해가 되기를 간절히 기도합니다.

이창현(2학년 5반) 어머니 최순화

용산참사 진상규명을 제대로 했다면, 그래서 책임자를 처벌했다면 쌍용자동차 노동자들에 대한 과잉진압도 없었을 것이고, 세월호 초동대처 또한 그렇지 않았을 것입니다. 세월호가 어떤 결말을 맺는지, 우리가 어떤 모습을 보이는지가 다른 싸움들의 가능성과 한계를 만들겠지요. 그래서 우리는 연결되어 있다고 생각합니다.

일반 시민단원 최철호

2019년

1월 19일 청년 비정규직 故 김용균 5차 범국민 추모제, 추모음악회 <혼자 울지 말고>

오늘이 故 김용균 추모제이나
세월호 유가족은 추모라는 말을 쓸 수가 없습니다.
세월호 참사의 실체가 뭔지 아직도 모르고,
5년이 다 되어가지만 달라진 게 없기 때문입니다.
사람 생명의 가치는
대통령 아들이든 이재용 아들이든 정의선 아들이든
창현이든 용균이든 모두 똑같습니다.

일하다가, 수학여행 가다가
죽어야 할 생명은 없습니다.

이창현(2학년 5반) 어머니 최순화

2019년	
2월 23일	4.16연대 5기 정기총회
2월 24일	염산교회 청년부 예배 초청공연
3월 1일	3.1운동 100년 범국민대회 〈겨레의 합창〉
3월 17일	대한국민의회 3.17독립선언 100주년 기념식, 고려인 독립운동 기념비 건립 출범식
3월 23일	5.18학살역사왜곡처벌법 제정, 4.16참사 진상규명, 선거법 개정, 자유한국당 해체, 적폐청산, 사회대개혁 3.23 범국민 촛불대회
4월 6일	인천 마샘 〈Over the rainbow 다섯번째 봄〉

2월 24일 주일, 416합창단은 마포 염리동에 있는 염산교회에 다녀왔다.
"이웃과 더불어 하나님을 기뻐하는 건강한 교회"라는 성전 좌측에 붙어 있는 표어에서 염산교회가 어떤 신앙적 가치관을 가진 교회인지 알 수 있었다.
청년들이 부른 쥬비찬양 중에 유난히 마음을 만지는 노래가 있었다.

"노래할 수 없는 곳이라 해도 난 노래하리.
기도할 수 없는 곳이라 해도 난 기도하리.
주님 사랑의 손길이 나를 만들어
내 모습 이대로 사용하여주시네.
흐트러진 마음을 만지시어
이끄시는 곳 어디라도 나는 노래하리."

이 자리에 앉아 있는 합창단 엄마 아빠들의 마음 상태인 것 같아서 눈물이 났다.

34기-1
POLICE

노래조차 나오지 않고 기도 한마디 나오지 않는 헛헛한 날들 속에도 흐트러진 마음과 부족한 마음 부여잡고, 이끄시는 대로 발길을 옮겨 노래하고 있다.

김종익 담임목사님께서는 '함께 기억하고, 함께 탄원하면' 이라는 설교 제목으로 말씀을 나누셨다. 함께 사는 세상에서는 함께 누리는 평화가 중요하다. 함께 평화를 누리려면 불이익, 두려움, 슬픔, 억울함, 불안, 불평등이 없어야 한다. 그러기 위해선 기억하고 함께 탄원해야 한다.

하나님은 우는 자들을 향해 울지 말라 하지 않으셨다.
우는 자의 슬픔을 기억하고 신원하셨다.

함께 평화를 누리기 위해 기억하고 함께 탄원해야 한다.

일반 시민단원 조미선

2019년

4월 12일	목포 〈전라남도 20개 시·군 드림오케스트라, 세월호 가족과 함께하는 5주기 추모음악회〉

수많은 공연 중에서 가슴 먹먹하고 마음이 유난히 복잡했던 것은 2019년 참사 5주기를 앞두고 목포신항에서 처참하게 망가져버린 세월호 앞에서 한 공연이었다. 수많은 학생들이 오케스트라 연주를 하고 그 자리에서 우리는 〈잘 가오 그대〉 〈천 개의 바람이 되어〉 〈고향의 봄〉을 노래했다. 희생된 아이들의 넋을 위로하기에는 우리가 이루어놓은 것이 아무것도 없었고, 수많은 학생들 앞에서 한없이 부끄러웠던 뼈아픈 공연이었다.

일반 시민단원 문현주

2019년

4월 13일	세월호 참사 5주기 기억문화제 〈기억, 오늘에 내일을 묻다〉
	안산 4월 음악회 〈천명의 소리, 진실의 꽃이 핀다〉
4월 14일	성남 세월호 5주기 시민추모문화제
4월 18일	세월호 참사 5주기 기억예배 〈진실, 부활을 향해〉

교회에 계시는 분들이 그러더라고요.
아이들 좋은 데 갔으니까 이제 그만 가슴에 묻으라고요.
그분들에게 묻고 싶습니다.
예수는 2천 년 전에 죽었는데
왜 아직도 죽은 사람에 대해 이야기하십니까.
왜 아직도 예수의 증인으로 사십니까.

세월호의 증인이 되어주십시오.
끝까지 외쳐주십시오.
그것만이 우리 남겨진 자들의 몫일 것입니다.

박시찬(2학년 8반) 아버지 박요섭,

세월호 참사 5주기 기억예배 〈진실, 부활을 향해〉에서

2019년

4월 21일 화정교회 초청공연

부모님들과 함께 노래하는 알토 파트 조미선입니다.
저는 416합창단원이자 광화문 세월호 농성장에서 세월호 진상규명 촉구 서명을 받고 있는 자원봉사자이기도 합니다.
세 아이의 엄마이고 비정규직 영어강사입니다.
막내딸이 올해 고3 수험생이 되어 그 어느 때보다 바쁜 시간을 보내고 있습니다.
하지만 그럼에도 제 삶의 우선순위는 언제나 세월호 활동입니다.

나에게 세월호란 무엇일까?
그냥 제 삶이고 신앙입니다
교회에서 예배를 드리는 일이나 광화문에서 서명을 받는 일이나, 또 이렇게 416합창단원으로 노래를 부르는 일, 이 모두가 제겐 똑같이 예배이고 하나님을 위한 활동입니다.
저는 학생부 때부터 재작년까지 36년 동안 서울의 한 보수교회를 다녔습니다. 청년부에서 남편을 만나 결혼했고 남편은 장로가 되었습니다. 송구하게도 제가 오랫동안 다녔던 그 교회는 노란 리본을 달았다고 교회에서 내쫓김당한 안산의 청년이 다녔다는 교회와 동일한 교단의 교회입니다.

2014년 4월 16일 고난주간에 일어난 세월호 참사는 교회와 목사님의 가르침대로 신앙생활을 해왔던 제 신앙의 정체성을 마구 흔들어놓았습니다. 수많은 생명을 바닷속으로 내던진 국가와 사회도 이해할 수 없거니와 내 평생 의지했던 교회가 세월호 참사를 대하는 비정상적인 태도에 큰 충격을 받았습니다.

참사 한 달 후, 교회에서 배운 대로 땅 밟기 기도라도 하면서 봉사해야겠다는 생각에 팽목항을 찾았습니다.

봉사를 시작한 곳은 아이들 시신을 확인하는 검안소였습니다.

검안소에서 32일이나 바닷속에 있었던 한 단원고 학생의 시신을 아이의 부모님과 함께 보았습니다. 참혹하고 참담했습니다. 울부짖던 어머니의 모습을 아직도 잊을 수가 없습니다.

광화문에서도 유가족 부모님들의 절망과 피눈물을 여러 번 목격했습니다.

단식을 하고 삭발을 하고 삼보일배를 하고 풍찬노숙을 하는 아픈 분들에게 국가 공권력이 휘두르는 폭력과 비열한 토끼몰이를 또한 목격했습니다.
보수단체의 유가족 괴롭힘은 지독했습니다.

'아…… 아이들을 구하지 못한 이 국가가 아이들의 부모들마저도 죽이겠구나.'

이런 생각이 저절로 들었습니다.
엄마의 마음으로 너무 안타깝고 미안해서 시작한 세월호 활동이었습니다.
그러다 알게 되었습니다. 단순히 위로만 가지고는 안 된다는 것을요.
제대로 된 진상규명만이 희생자에 대한 진정한 애도요, 유가족의 상처를 치유하는 길이요, 우리 사회가 상처를 딛고 안전한 사회로 나아가는 유일한 길이라는 것을 깨달았습니다. 지루하고 더딘 진상규명 속에 많은 국민들이 피로감을 느끼고, 우리는 반대자들의 험한 욕설을 듣기도 합니다. 그럼에도 멈출 수가 없습니다. 세월호 참사의 진실이 아직 밝혀지지 않았고, 책임자도 처벌받지 않았기 때문입니다.

지난 1기 특조위는 박근혜정권의 방해와 은폐로 진실규명이 쉽지 않았습니다. 그래서 가족과 국민들의 힘으로 2기 특조위를 만들었고 현재 활동중에 있습니다. 하지만 2기 특조위 역시 1기 때와 같이 수사권이 없기에 조사활동에 많은 제한과 어려움이 있습니다.

지금 저희는 '세월호 참사 전담 특별수사단 설치'를 청와대에 강력히 요구하고 있습니다.

그 이유는 국정원과 기무사, 박근혜와 청와대를 전면적으로 파헤치고 수사하지 않으면 세월호 참사의 진실을 밝힐 수가 없는데, 이들을 수사할 수 있는 곳은 검찰밖에 없기 때문입니다. 세월호 참사의 진실을 담고 있는 증거인 CCTV DVR이 조작되었다는 정황까지 드러났고 더이상 늦출 수 없습니다.

저는 지난 5년간 유가족 부모님들의 투쟁에서 희망을 보았습니다.

온갖 조롱과 모욕과 핍박 속에 피눈물을 흘리면서도 진상규명 의지를 꺾지 않았고, 공권력에 위협당하면서도 기죽지 않고 당당하셨습니다. 그래서 여기까지 올 수 있었습니다. 이런 부모님들이라면 끝까지 해내실 것이라 확신합니다.

온 마음으로 부모님들을 응원하며 이 훌륭한 엄마 아빠의 도전에 끝까지 한마음으로 함께하겠노라 이 시간 다시금 다짐해봅니다. 여기 계신 여러분도 저와 같은 마음이신 거겠죠?

일반 시민단원 조미선,

화정교회 초청공연에서

2019년

4월 24일 | 장흥 안양중학교·용산중학교 합동 초청공연

저는 의사입니다. 감정을 느끼거나 생각하는 데 어려움을 겪는 사람들을 돕는 정신과 의사입니다. 그래서 2014년 5월부터 올 2월까지 세월호 피해자들을 위한 센터에서 일해왔습니다. 흔히 트라우마를 입은 사람에 대해 현재를 온전히 경험하지 못하고 과거나 미래에 갇힌 사람이라고 합니다. 그래서 전 이들이 다양한 현재들을 생생히 경험하도록 같이 걷고 마라톤을 하거나 공을 차고 얘기를 나누고 노래를 부르며 지냈습니다.

그리나 오늘처럼 416합창단으로서 학교라는 공간에 오면 유독 많은 과거와 미래가 떠오릅니다.
세월호 전체 희생자 304명 중 단원고 학생이 250명, 교사가 11명이었습니다.
왜 학생과 교사의 피해가 컸을까요?
325명의 학생과 14명의 교사가 한 번에 움직이는 수학여행은 우선 그 규모에서 경직되기 쉽습니다.

많은 희생을 치른 후
단원고는 수학여행 방식을 바꾸었습니다.
마음에 맞는 몇 명의 친구들이
장소와 일정을 스스로 계획하고
선생님이 따르는 여행입니다.
전 이 변화에 더 주목했으면 합니다.

학생 여러분, 진부하게 들릴지 모르지만 주어진 정답을 우르르 쫓는 삶이 아닌 각자가 더 선택하고 책임지는 삶을 당부하고 싶습니다.

덩치가 큰 시스템은 유연하기가 어렵습니다. 선진국이라는 미국에서도 9.11 테러 당시 곧 무너져내릴 건물 안에서 그대로 제자리에 있으라는 안내방송이 나왔다고 합니다. 여기 안산의 어머니 아버지들도 구조, 수색, 인양, 조사 과정에서 고개 젓는 공무원들을 향해 줄기차게 요구해오셨습니다. 진도체육관, 팽목항에서부터 안산, 광화문, 청운동, 국회의사당, 목포신항에 이르기까지 딱딱한 관료조직에 맞서온 개인들입니다.

저에게 세월호 이야기는

나쁜 대통령 대 좋은 대통령 같은

선과 악의 이야기가 아닙니다.

가만있으라는 국가나 조직, 직장 상사로부터

개인이 얼마나 자신의 존엄성을 지키고

자유로이 선택할지에 대한 이야기라 생각합니다.

여러분 모두는 각자 새로운 가능성입니다.

그래서 저는 오늘 복잡한 수도권을 벗어나 이 작은 학교를 찾아 기쁩니다.

초청해주셔서 감사합니다.

일반 시민단원 강정훈,

장흥 안양중학교·용산중학교 합동 초청공연에서

2019년

4월 28일	수원 매원감리교회 초청공연

앵콜곡으로 〈약속해〉를 불렀다.
“우리가 너희의 엄마다
우리가 너희의 아빠다
너희를 이 가슴에 묻은
우리 모두가 엄마 아빠다”
이 노래는 100번을 부르고 200번을 불러도 가슴이 울컥한다.

오래전 배 속에서 멀쩡하게 크다가 6개월 만에 잘못되어 세상구경을 못 한 아이가 있다. 얼굴도 못 보고 말았지만, 우리 큰애와 두 살 터울이었으니 그애가 살았다면 지금쯤 몇 살이겠거니…… 아주 가끔 떠올리곤 했다.
엄마 마음은 그렇다.
이름 없는 자식도 그렇게 가슴에 묻는다.
하물며 17년 18년 동안 금이야 옥이야 키운 금쪽같은 아이들을 두 눈 크게 뜨고 잃은 단원고 부모님들의 마음은 감히 가늠하기 어렵다.

또한 나에게는 세월호 참사로 희생된 단원고 아이들 또래의 딸애가 있으니, 그애들이 별 탈 없었다면 우리 딸애처럼 멋부리고 생기 넘치게 자기 생을 살지 않았겠나 싶은 생각에 더더욱 외면할 수 없었다.

이제 곧 416합창단은 멀리 미국까지 날아가 노래로 사람들을 만나고 공감하고 연대하고 진상규명을 향해 나아가리라.

어둠은 빛을 이길 수 없고 거짓은 참을 이길 수 없다는 하늘의 뜻을 믿으며, 하늘님의 조율을 구하면서 말이다.

일반 시민단원 문현주

2019년

5월 10일	미국 LA 향린교회 '내일을 여는 사람들' 간담회
5월 11일	미국 LA 예수마을교회 <세월, 아픔 너머> 공연

저는 416합창단에서 일반 시민단원으로 함께 노래하고 있는 이상임이라고 합니다.

2014년 6월부터 11월까지 6개월 동안 미수습자 가족들과 함께 진도체육관에 머물며 사진을 기록했던 다큐멘터리 사진가이기도 합니다. 체육관 한 귀퉁이에서 함께 먹고 자고 바지선을 갈이 드나들며 세월호 가족분들과 식구가 되어갔습니다. 제가 아무리 아파한다 해도 가족처럼 아플 수는 없지만, 저는 곁에서 지켜보는 것만으로도 엄정난 트라우마를 가지고 살게 되었습니다.

신문도 조선일보밖에 안 보는 보수 집안에서 태어나 살면서, 언론에 보도되는 대로 간첩이라면 간첩인 줄 알고 빨갱이라면 빨갱이인 줄 알고 순진하게 세상을 살았던 제가 세월호 가족들 곁에 있다는 이유만으로 어느 날 빨갱이가 되어 있었습니다. 삶은 우연한 기회에 의도하지 않은 방향으로 바뀌는 것 같습니다. 진도에 내려가지 않았더라면 보도되는 대로 믿으며 어쩌면 저도 태극기 '모독' 부대의 일원이 되었을지도 모릅니다.

세월,

한 장의 사진이 있습니다.

11월 19일 진도체육관 철수를 앞두고 18일 이주영 해양수산부 장관과 간담회가 있었습니다. 체육관으로 돌아와 펑펑 우는 현철이 엄마를 끌어안고 같이 울고 있을 때, 이장관이 체육관으로 찾아왔습니다. 그 순간 현철 엄마가 끝까지 포기하지 말고 찾아달라며 무릎을 꿇고 울면서 사정했습니다.

빙 둘러선 기자들을 본 순간 언론을 잘 아는 이장관도 얼른 무릎을 꿇었는데, 다음날 이 사진에 달린 캡션은 '무릎을 꿇고 가족을 위로하는 이주영 장관'이라고 되어 있었습니다. 흔히 보여지는 것이 진실이라고 믿지만, 작가가 어떤 의도로 사진을 찍고 어떻게 쓰느냐에 따라 사진은 진실이 될 수도, 거짓이 될 수도 있습니다.

진실은 늘 현장에 있습니다.

현장을 기록하는 사람들은 냉정해야 하는데, 저는 절대 객관적일 수 없는 사람이라 현장에 맞지 않는 사람이라고 얘기하곤 합니다. 요즘 제 카메라가 얼마나 폭력적인지 모른다는 소리를 많이 합니다.

사진을 찍을 때마다 같이 끌어안고 토닥이며 함께 울고 싶지만, 중요한 기록이라 카메라를 들이대야 하는 순간이 죽도록 싫었습니다.

2014년 11월 20일 제가 진도체육관에서 철수하고, 딱 3년이 지난 2017년 11월 20일 현철이와 영인이의 유해 없는 장례식을 촬영하며 "언니, 난 뼛조각 하나조차 찾아주지 못하고 보내서 우는 것도 미안해" 하며 울지 않으려 손이 하얘지도록 꽉 움켜쥐고 아등바등하는 현철이 엄마를 안고 토닥이다가, 카메라를 내려놓고 내가 뭐하고 있는지 모르겠다며 통곡한 적도 여러 번 있습니다.

두 아이의 장례식 이후 아무도 만나고 싶지 않아 한 달간 집밖으로 나오지도 않고 있을 때, 416합창단 정기연습이 있었고 차웅이 엄마가 연습에 나오지 않겠느냐며 연락해줬는데 얼마나 고마웠는지 모릅니다.

곁에서 지켜보며 노래로 위로받기도 하고 아픈 현장에 힘을 보태는 416합창단이 있어 참 다행이라고 생각했지만, 제가 단원이 되리라고는 생각 못했는데 작년 8월부터 함께하며 노래하고 있습니다.

노래를 부르며 저 또한 위로받고, 그동안 눈 질끈 감고 외면했던 아픈 현장에 찾아가 연대하는 것으로 마음의 죄책감을 조금이나마 덜어내고 있습니다.

눈치채셨겠지만 저 노래는 정말 못합니다. 제대로 오디션을 봤더라면 아마도 절대 합창단에 들어오지 못했을 거예요.

이제 젖은 바가지에 참깨 달라붙듯 416합창단에 찰싹 달라붙어서 함께 노래하며 나이들어가고 싶습니다.

저마다 연대하는 방향이 다르고 방법도 다르겠지만, 곁에 있는 사람들의 역할은 울고 싶을 때 울 수 있도록 어깨를 내어주고 토닥여주며 지치지 않도록 응원해주는 게 아닌가 싶습니다.

먼 미국까지 불러주셔서 정말 감사드리고 여태까지처럼 진실규명의 그날까지, 손잡고 끝까지 함께해주실 거지요?

일반 시민단원 이상임,

미국 산호세 공연에서

2019년

5월 12일 미국 산호세 416합창단 어머니날 특별공연
〈세월, 아픔 너머 그리움 별이 되다〉

조금도 어색함이 없는 감동이 있습니다.
기꺼이 충분하고 마땅한 박수가 있습니다.
LA 청중분들이 부모님들에게 보낸 감동과 박수가 그랬습니다.
마지막 곡을 부르고 인사드리자 한분 두분 자리에서 일어나 깊고 큰 소리로 박수를 보내셨어요. 지휘하며 매번 잔향과 더불어 보내드리던 지의 마음과 같아서 가슴 벅차게 '동지'됨을 알았습니다.
한분 한분 눈을 맞추고 손잡고 끌어안아 심장과 심장을 포개는 순간, 바다 건너까지 와서 하려는 이야기가 노래 안에 다 들어 있다는 부모님들의 뜻이 전해졌음을 느꼈습니다.
LA 일정 내내 저희의 발과 손이 되어주신 모두에게 마음 속 깊은 존경을 담아서 저도 기립박수를 보냅니다.

지휘자 박미리

2019년

5월 13일	미국 샌프란시스코 금문교, 위안부 피해자 소녀 기림비 버스킹

5월 16일	미국 뉴욕 9.11메모리얼파크 퍼포먼스 공연
5월 17일	미국 뉴욕 세월호 참사 5주기 추모 〈잊지 않겠습니다〉 공연

샌프란시스코 어느 작은 공원에 세워진 위안부 피해자 소녀 기림비에서, 스탠퍼드대학교 교회 안에서, 금문교 앞에서 버스킹을 했습니다. 반주도 없이 목소리와 마음만 모아 잔잔하게 노래했습니다.
어떤 외국인은

"사람의 소리가 이렇게 아름다울 수 있는지 몰랐다"

라며 감동했는데, 아마도 우리 아이들이 도와주어 진심이 전달된 것 같아요.
우리 이야기를 듣고 공감하며 눈물을 흘리던 외국 할머니들은 노래가 끝나고도 발길을 옮기지 못하더군요.
진심은 어디에서나 통한다는 게 정말 맞는 말인가봅니다.

2019년

5월 18일	캐나다 나이아가라폭포 버스킹 및 퍼포먼스
5월 19일	캐나다 토론토 시청 공연

저는 416합창단에서 활동하는 일반 시민단원입니다. 저는 오랫동안 어린이책을 연구하고 독서문화운동과 도서관운동을 하는 시민단체에서 활동했습니다. 어른들은 대부분 어린이의 독서를 학습과 마찬가지로 경쟁의 수단으로 여기는 경향이 있는데, 그것을 반대하는 일을 주로 했습니다. 그리고 어린이에게 어릴 적부터 좋은 책을 많이 읽어주고 옛날이야기를 많이 들려주기를 권했습니다. 옛날이야기의 특징 중 가장 두드러진 점은 권선징악적 구조입니다. 착하고 선한 이에게는 금은보화를 보상하고, 악하고 나쁜 이에게는 잔인한 형벌을 내리지요. 이것에 대해 많은 어른들은 반발합니다. 현실은 권선징악의 세계가 아니기에, 내 아이한테만 착하게 살아가라고 가르치면 나중에 불이익을 당하지 않을까 우려가 된다고 말이지요. 여러분은 어떻게 생각하십니까?

10세 미만 어린이들은 수많은 이야기를 통해 세상을 배웁니다. 자기 부모의 영향을 가장 많이 받고요. 사람을 대하는 태도, 세상을 대하는 태도를 부모로부터 배웁니다. 부모로부터 듣는 권선징악의 이야기는 어린이가 세상을 살아가는 데 기본적인 품성과 가치관으로 자리잡게 되기 때문에 매우 중요합니다.
우리가 부르는 노래 중에 이런 노래가 있습니다.

"어둠은 빛을 이길 수 없다.
거짓은 참을 이길 수 없다.
진실은 침몰하지 않는다."

이 노랫말에 고개가 끄덕여지십니까? 저는 이 노랫말이 진실이라고 믿습니다.
세월호 참사는 5년이 넘도록 아무것도 밝혀진 것이 없지요. 참담함과 참혹함을 넘어서는 불의와 거짓이 숨겨져 있기 때문이라고 생각합니다. 그 거짓과 어둠을 분명하게, 끝까지 밝혀내고 책임자 처벌을 하는 일이야말로 우리에게 주어진 권선징악의 사명이라고 생각합니다. 거짓은 결코 참을 이길 수 없다는 진실을 우리가 믿고, 현실에서 이 권선징악을 실천해서 자라나는 아이들에게 보여주어야 합니다. 그러면 자라나는 아이들은 어른들을 믿고 세상을 믿을 수 있게 됩니다. 그래야 아이들이 안심하고 굳세게 살아갈 수 있습니다.

세월호 진상규명은 우리의 미래를 위한 일이기도 합니다.

일반 시민단원 문현주,

캐나다 토론토 시청 공연에서

2019년

날짜	내용
5월 25일	적폐청산 민주수호 범국민대회
5월 26일	광주 5.18민중항쟁정신 계승을 위한 상설음악회 〈오월의 노래〉
6월 10일	6.10 민주항쟁 32주년 기념식 〈민주주의 100년, 그리고 1987〉
6월 21일	증산중학교 초청공연

학교로 아이들을 만나러 가는 날은 며칠 전부터 더 떨리고 기대됩니다. 전교생이 30명이 안 되는 시골학교를 가든 300명이 넘는 도시의 학교를 가든 마찬가지입니다. 학교의 규모가 크든 작든 노래로 한명 한명 아이들을 만나는 일에 애쓰는 진심어린 정성은 조금도 다를 게 없지요.
요즘은 공연 중간에 아이들에게 노래를 가르치기도 합니다. 듣고 보는 공연만으론 학교 현장의 기운 넘치는 아이들을 따라갈 수 없으니까요. 공연장을 나가서도 난 한 소절이라도 흥얼거릴 수 있는 메시지가 남는다면 더 바랄 게 없겠습니다.

시위를 하며 간절해집니다.
300명의 엄청난 가능성들이 초록빛 싱그러움을 담아 뛰노는 곳.
모두가 각자의 자유를 마음껏 누리며 서로를 향한 작은 사회를 공부하는 학교.
학교 담장 밖을 나와도 안전하게 존재 자체를 충분히 존중받을 수 있는 사회가 되면 좋겠다고요.
"우리는 포기하지 않는다."

이 한 소절을 체육관 가득 울리게 노래하는 아이들은 있는 그대로 너무 소중하고 아름답습니다.
학교의 관리자가, 교실에서 아이들을 만나는 교사가, 학교 밖의 어른들이 귀기울여야 할 목소리입니다.
416합창단의 노래는 음악적으로 조금 미흡할지 모르나, 그 이상의 이야기를 전합니다. 피하지 않고 대면할 수 있는 용기를 배울 것이라 믿습니다.
아이들이 교실 안 책상에 머무르지 않고, 현 사회를 직접 마주할 수 있는 기회가 더 많아지면 좋겠습니다.
선생님들의 한 걸음이 필요합니다.
세월호의 이야기가 아이들에게 지난 역사가 되지 않도록 치열하게 함께 고민하고 나눌 수 있는 자리를 마련해주십시오.
그러면 아이들이 더 많은 것을 해낼 것입니다.

416합창단은 어디든 달려갑니다.

지휘자 박미리

2019년	
6월 22일	4.16가족과 함께하는 다짐한마당
6월 26일	제9회 진실의 힘 인권상 시상식

오늘은 상상하기조차 힘든 고통을 인내해온 이들에게 우리의 존경을 표하는 날.
6월 26일은 UN이 정한 고문 생존자 지원의 날입니다.
간첩조작 사건 등으로 말할 수 없이 참혹한 고문을 당한 생존자들이 만든 '재단법인 진실의 힘'에서는 매년 인권상을 시상하고 있습니다.
올해는 산업재해 피해가족 네트워크 '다시는'이 상을 받았습니다.

삼성전자 백혈병 사망 노동자 황유미와 아버지 황상기,
삼성전자 LCD 공장에서 일하다 뇌종양에 걸린 한혜경과 어머니 김시녀,
태안화력발전소 비정규직 노동자 김용균과 어머니 김미숙,
제주고교 현장실습생 이민호와 아버지 이상영 어머니 박정숙,
분당 토다이 현장실습생 김동균과 아버지 김용만,
CJ진천 현장실습생 김동준과 어머니 강석경,
LG유플러스 하청업체 실습생 홍수연과 아버지 홍순성,

LG유플러스 하청업체 노동자 이문수와 아버지 이종민, tvN 드라마 PD 이한빛과 아버지 이용관 동생 이한솔, 수원 건설노동자 김태규와 누나 김도현 등 산업재해 피해자와 가족들 그리고 함께 투쟁해온 활동가들이 모여 만든 '다시는'.

그 이름만으로도 결기가 느껴지는 '다시는'은 김용균 투쟁을 통해 가족들이 모이면서 만들어졌고, 산업재해가 발생하면 책임 있는 고위직이 처벌받을 수 있도록 하는 '중대재해기업처벌법' 제정, 현장실습생 제도 개선 운동을 벌이고 있습니다. 다시는 그런 일이 없기를 바라며, 416합창단 단장 창현 어머니도 '재발 방지'를 힘주어 말했습니다. 416합창단은 그 자리에서 〈인간의 노래〉와 〈노래여 날아가라〉를 눈물로 함께 불렀습니다.

고문 피해자들, 산업재해 피해자들, 그리고 세월호 참사 피해자들……

아픔이 또다른 아픔을 만지는 날,
너무 아팠지만 그러하기에 또 살아갈 이유를 발견한 날이었습니다.

2019년	
7월 13일	영암 현대삼호중공업지회 〈공감문화제〉
7월 20일	故 노회찬 국회의원 1주기 추모문화제
7월 31일	강남역 고공 농성 삼성 해고 노동자 김용희 연대집회

우리는 왜 한 사람에게 주목하는가?

그 한 사람이 시작이고 끝이기 때문이다.

저 첨탑에 아슬아슬하게 매달려 있는 사람을 보라! 목숨을 던져 그가 외치는 것은 노조할 권리, 사람답게 살 권리, 땅을 딛고 살 권리를 찾겠다는 것이다.

날개가 없어 하늘을 날지도 못하는 그는 아직 첨탑에 외로이 서 있다.

그러나 그는 혼자가 아니다.

단 한 사람의 삶과 생명을 주목하는 우리가 있다.

일반 시민단원 임재옥,

강남역 고공 농성 삼성 해고 노동자 김용희 연대집회에서

2019년

8월 8일	세월호 광장 목요예배
8월 10일	416TV 5주기 마로니에 촛불
8월 16일	청와대 사랑채 앞 〈세월호 참사 진상규명을 위한 시민-교사 문화제〉
8월 23~24일	모꼬지 〈토닥토닥 워크숍〉
8월 29일	광화문 416광장 〈세월호 참사 진상규명을 위한 416광장 연속기도회〉
9월 1일	제2회 신촌거리예술축제 콜라보 프로젝트 〈0416stage〉
9월 24일	『김용균이라는 빛』 백서 발간 기념 북콘서트
9월 25일	세월호 참사 희생자를 추모하고 기억하기 위한 기억의 밤 〈그립고 그립다〉

빛으로 오는 아이들

바람으로 오는 아이들

세상 모든 곳에 존재하는 아이들을

기억합니다.

아무도 외롭지 않게.

2019년

10월 2일	세월호 충북대책위 〈416합창단과 함께하는 세월호 2000일 가을음악회〉

아이 없이 어떻게 살아갈까 눈앞이 캄캄했는데 벌써 2000일이 되었네요.
여러문늘이 옆에 있어수셔서 버텨낼 수 있었던 것 같습니다.
앞으로도 지금처럼 같은 마음으로, 같은 걸음으로 함께해 주시길 부탁드립니다.

이창현(2학년 5반) 어머니 최순화

2019년	
10월 12일	부마항쟁 40주년 기념 제3회 전국민주시민 합창축전
10월 25일	이한빛 PD 3주기 추모제 〈다시는〉
10월 26일	양평 바람개비들이꿈꾸는세상 초청공연 〈가을바람 별이 된 아이들과 함께〉
11월 2일	안산의 즐거운 문화놀이터 마켓포레스트 초청공연
	〈와동공원으로 가을소풍 가자〉 초청공연
11월 7일	광주 동산초등학교 초청공연
	광주 장덕중학교 축제 동아리발표회 초청공연

11월 8일	영암 〈국향 담은 인권평화콘서트〉
11월 9일	평택시 청소년문화센터 인권콘서트
11월 22일	세월호가족극단 노란리본 기획공연 〈장기자랑〉 사전공연

2019년

11월 29일	고양 무원고등학교 고3 수험생을 위한 초청공연
12월 10일	2019 인권의 날 기념식

12월 12일	4.16안산시민연대 송년회 <확장된 나 연결된 우리>

매년 12월이면 당신의 한 해가 어땠냐고 묻는 시간들, 그리고 사람들을 만난다. 올해는 아주 특별한 송년회에 다녀왔다. 12월 12일 저녁 7시 안산에서는 '㈔4.16세월호참사가족협의회'와 '4.16안산시민연대'가 공동주최한 '2019년 4.16 안산 송년회'가 있었다.

2019년 7월에 합창단에 들어간 후 아직은 신입 티를 벗지 못한 나는 안산에 이렇게 많은 사람들이 세월호를 품고 사는 줄 몰랐다.

왠지 안산은 더 아플 것 같고 그래서 어쩌지 못하는 마음으로 멀리서 바라만 봤는데, 5년이란 세월 동안 안산은 가만히 있지 않았다. 스스로 저마다 가슴에 얹어진 돌덩어리들을 조금씩 꺼내놓으며 할 수 있는 일들을 찾아 움직였다.

유가족들과 한 달에 한 번 밥을 짓고 같이 밥을 먹는 사람들,
250명 아이들 약전을 모두 읽으며 아이들을 만나고
그 아이들 모두에게 편지를 써내려간 사람들,

2019년
4.16
안 산
송년회
확장된 나
2019년
4.16
안 산
송년회
확장된 나
세월호가족곁에서 함께 걸을게요
진실과 안전사회 향한 동행

그리고 연극으로 별이 된 아이들과 시민들을 만나 이야기를 하고 계시는 유가족 어머님들, 공방을 만들고, 노래를 하고, 목공을 하고, 리본을 만들고……

행사장엔 합창단 외에 아는 얼굴이 거의 없어도 따뜻함을 느꼈다. 서로 말하지 않아도 무대의 글귀처럼 '확장된 나'로 느껴졌으며 모두 '연결된 우리'처럼 느껴졌기 때문이다. 416합창단과 함께한 당신의 한 해가 어땠냐고 누가 묻는다면 '이보다 좋을 순 없다'고 답할 것이다. 난 매주 월요일 합창단에 가서 함께 저녁을 먹고 연습하며 단원분들과 식구가 된 게 참 행복했다. 그 행복을 실타래로 풀어놓는다면 눈물이 90퍼센트일 테지만, 그래도 나는 계속 416 식구들과 함께 밥을 먹고 마음을 토닥이며 노래할 것이다.

일반 시민단원 양영희

2019년	
12월 14일	광주 지혜학교 축제 〈텐션 열번째 축제〉
12월 17일	4.16재단 생명안전약속 사업보고회
12월 18일	인천 강화여자고등학교 〈평화가 흐르는 수요콘서트〉
12월 20일	세월호 가족과 함께하는 성탄예배 〈빛 진실을 위한 폭로〉
12월 23일	안산온마음센터 〈고마워요 온마음센터〉 작은 음악회

2019년

12월 25일	스텔라데이지호 1000일, 고난받는 이들과 함께하는 성탄절 연합예배 〈기다리는 사람들아 힘을 내어라〉

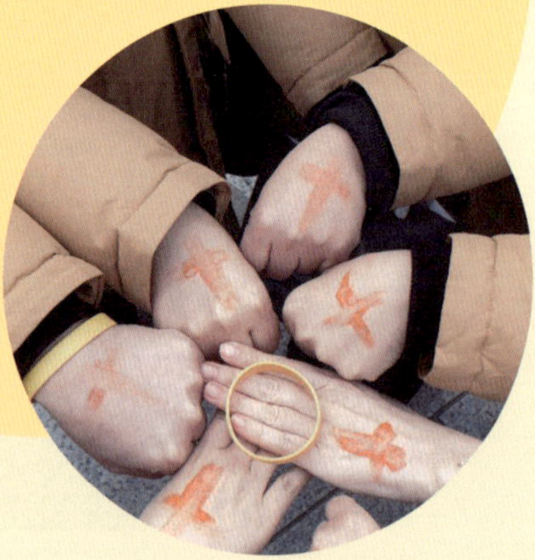

"성탄절을 잊어버렸어요."

지금까지 저에게 성탄은 "그래도 크리스마스니까"라는 말로 모든 걸 다 덮을 수 있는, 혹은 모든 것을 다 긍정할 수 있는 힘을 가진 기념일이었습니다. 그리고 모든 교회가 그럴지는 모르겠지만, 적어도 저의 경험상 기쁘게, 즐겁게, 신나게라는 단어를 형상화해서 연출하던 모습이 익숙합니다. 하지만 오늘은 조금 달랐습니다. 처음에는 무슨 이유인지 몰랐습니다. 오늘이 성탄절이라는 사실을 놀랍도록 인지하기 어려웠고, 예전처럼 성탄절에 대한 기대감과 긍정적인 에너지가 솟아오르지 않았습니다. 예배 장소에 도착하니 그 이유를 알겠더군요. 무대에 이렇게 적혀 있었습니다.

"기다리는 사람들아 힘을 내어라!"(시편 31편 24절)

상단에 아주 조그마하게 성탄절 연합예배라고 적혀 있는데, 그건 눈에 들어오지도 않았고, 파란 바탕에 뒤집혀 있는 배 한 척, 그리고 앞서 말한 문구가 저의 시선을 압도했습니다. 그랬습니다. 난 지금 스텔라데이지호 침몰 1000일이라는 것을 확인하는 비통한 자리에 다가가야 했기에, 성탄절이 마냥 긍정적인 기쁜 날이 될 수 없었던 것입니다.

저멀리 뭐가 그리 신나는지 소리를 버럭버럭 질러가면서 성탄절 노래를 부르는 전광×이네 집단들을 보고 있자니, 더욱 기뻐할 수 없었습니다. 왠지 "기쁜 성탄이에요"라고 누군가에게 말하면 저 사람들처럼 될 것 같아서 말이지요.

이런 극심한 온도차를 느끼며, 예수의 축복을 바라는 찬양이 아닌, 〈인간의 노래〉를 불렀습니다. 두 손을 꽉 쥐어가며, 눈물을 참아가며 외쳤습니다.

"살아서, 살아서 끝끝내 살아내어, 부르겠다고,
희망과, 평화와, 정의와, 생명의 노래를……
바로 인간의 노래를……"

한껏 위로의 외침을 전한 후 우리 모두는 내려왔고, 함께하겠다는 주황색 십자가를 몸에 새기며, 예배가 끝날 때까지 우리는 그 자리를 지켰습니다. 예배가 끝나고 헤어질 때, 비로소 사람들과 이렇게 이야기를 했습니다.

"메리 크리스마스."

그제야 마음에 성탄절이 확인되었습니다.

오늘 공연은 제가 성탄에 임하는 자세를 바꿔주었습니다. 나만 신나는 기쁜 성탄은 이제 잊을 겁니다. 오늘 제가 기쁜 성탄을 잊어버렸듯이 말이지요. 조금은 덜 기쁘더라도, 내 앞에 눈물 쏟는 사람들과 함께하는 성탄을 기억할 겁니다. 그들이 울면 성탄절이라도 저는 울 겁니다. 그들이 아프면 성탄절이라도 저는 아플 겁니다. 그후 이렇게 말해주겠습니다.

"메리 크리스마스."

일반 시민단원 최광훈

2020년	
1월 19일	한국기독교장로회 익산노회 신년제직세미나
1월 21일	故 문중원 기수 추모 촛불문화제

1월 19일 공연시간이 다 되어 영상으로 첫 시작을 열었습니다.
공연 때 자주 보게 되지만, 〈너를 보내며〉 영상이 시작되면 합창단원들은 훌쩍이기 시작합니다. 매번 봐도 면역이 생기지 않는 아픔을 함께 느낍니다. 시작하고 몇 초 지나지 않아 뜨거운 것이 볼을 타고 흐릅니다.

우리는 늘 울대가 막혀서 무대에 서는
세계 유일의 합창단인지도 모르겠습니다.

일반 시민단원 이재홍

…그리고 416합창단의 가슴에 기록된 순간들

이런 제가 노래를 합니다

세월호 참사 초기에 서로 얼굴을 몰라 '희생자 가족 신분증'이라는 것을 만들었습니다. 세상에서 가장 슬프고 아픈, 있어서는 안 되는 신분증이었지요. 그렇게 유가족이라는 이름으로 전국을 다녔습니다. 다니면서도 '내게 일어난 일이 아니었으면…… 내가 왜 이러고 다녀야 하지?' 부정하고 싶었고 외면하고 싶었고 도망가고 싶을 때도 많았습니다. 그러다가 유가족과 시민이 함께 4.16을 알리는 합창단이 만들어졌다는 사실을 알게 되었습니다.

참사 이후에 친구도 친지도 이웃도 만나지 않고
그 어떤 취미생활도 하지 않고 있었습니다.
아니, 할 수가 없었습니다.
그런 제가 노래를 합니다.
제가 노래를 잘하는 것도 아닌데 왜일까요?

많은 사람들 앞에 혼자가 아닌 단원들이 함께 든든하게 서 있어주잖아요. 우리 아이들 이야기를 할 수 있게 해주고, 언니가 되고 오라버니가 되고 형님이 되고 쌤이 되고, 무엇이든 함께 같이하다보니 제가 유가족인 것을 잊어버

416
공방

릴 때도 있습니다.

매주 월요일 연습시간 서울, 일산, 수원, 용인, 과천, 인천, 의정부 등 많은 지역에서 안산으로 찾아오십니다. 저희 집은 안산인데 꾀병 부리고 싶다가도 오시는 분들 생각하면 그럴 수가 없어 연습하러 갑니다. 그렇게 가다보니 가족보다 더 가족 같아진 합창단 단원들…… 뭐라도 있으면 가져와서 함께 나눠먹는, 아니 먹이시는 언니들…… 다른 데서는 조용한데 416합창단에만 오면 수다쟁이가 된다는 분도 있고, 연습날마다 커피를 책임지고 내려주시는 창현이 아버님도 있고, 식사 때면 늘 쫄면만 드시는 분도 있고, 출장 갔다가도 택시를 타고 돌아와 공연에 참석하는 대단한 분도 있습니다.

합창단 활동을 하면서 또하나의 소속감이 저를 살아가게 합니다. 좋은 사람들이 모여 있는 곳에 내가 속해 있다는 것 하나만으로도 많은 위로를 받고 자부심도 생깁니다. 그래서 저는 416합창단이 너무나 좋습니다.

정차웅(2학년 4반) 어머니 김연실

심장에 고통의 가시가 박힌 사람들끼리는 서로를 알아봅니다

합창단 활동을 하면서 늘 경외심을 품게 되는 것이 가족들의 연대의식입니다. 가족들은 아무리 거리가 멀어도 연대 공연을 마다하지 않습니다. 손끝이 얼어붙을 듯이 날이 매섭게 추운 날에도, 그늘 한 점 없는 무대에 뙤약볕이 곧장 눈을 파고드는 상황에서도, 갑자기 억수같이 비가 퍼부어 빗물이 눈을 가려도 우리 합창단은 흔들림 없이 노래를 부릅니다. 그때 부르는 노래는 노래가 아니라 외침이고 선언입니다.

'당신은 혼자가 아니다,
우리가 여기 있다,
우리가 혼자가 아니었듯이 당신도 혼자가 아니다.'

저 혼자라면 연대하겠다고 나서지 못할 길을 저는 합창단 덕분에 함께 묻어갑니다. 그리고 배웁니다. 가족들의 연대의식은 머리에서 나온 게 아니라, 가슴 저리는 자신의 체험에서 나온 것임을 연대 공연을 갈 때마다 깨닫습니다.

심장에 고통의 가시가 깊게 박힌 사람들은
서로를 알아봅니다.
우리 합창단의 저력은 여기서 나온다고 생각합니다.
부모님들은 자신의 심장에 박힌 고통을 일깨워
아픈 사람들을 눈물로 위로하고, 노래로 위로합니다.

나에게 416합창단은 친정 같은 넉넉한 편안함을 주는 곳입니다. 힘을 주는 원천입니다. 누구나 일상생활에서 오르막도 만나고 내리막도 만납니다. 친정집은 기쁠 때뿐 아니라 아플 때도 슬플 때도 그냥 가기만 하면 반겨줄 사람이 있는 곳입니다.

돈이 없어 빈손으로 찾아가도 상관없는 곳입니다. 옷이 추레해도 무례하다는 소리를 들을까 걱정할 필요가 없는 곳입니다.

합창단 연습을 끝내고 돌아올 때마다 저는 친정엄마가 바리바리 챙겨주는 선물을 푸짐하게 안고 돌아오는 듯합니다. 그래서 연습이 늦게 끝나도 싫지 않습니다. 친정집에서 보내는 시간이 아까운 사람이 있을까요? 친정집 동생을 만난 듯이, 친정집 오빠를 만난 듯이, 조금이라도 우울하거나 피곤한 낯빛을 보이면 무슨 일 있느냐고 더 걱정해주는 416합창단 식구들입니다.

일반 시민단원 이순희

진실이와 규명이도
함께 노래합니다

연습실 뒤뜰에서
백구 진실이와 규명이가
반갑게 맞아줍니다.
깊어가는 가을밤
노래가 깊어지니
그리움도 깊어집니다.

매주 월요일 416합창단 연습날 풍경

합창단 태환 형님이 어두운 가협((사)4.16세월호참사가족협의회) 입구 언저리에서 걱정스러운지 눈을 떼지 못합니다. 미선쌤이 도착할 때가 한참 지났는데 아직 도착을 안 했다고 합니다. 다른 단원을 생각하는 태환 형님의 그 맘이 참 이쁘지요?

김제훈(2학년 8반) 어머니 이지연

7시에 모이는 건데
6시에 가도 벌써 사람이 와 있다.
거기 가면 만나고 싶은 사람들이 있기 때문이다.
세월호 이후 무엇이 소중한가를 깨닫게 된 사람들이 생명 평화 정의를 함께 노래한다. 이 땅에서 차별과 부당함과 정의롭지 못함으로 인해 고통당하는 사람들과 노래로 연대한다.
그뿐이다.
잘못된 것을 잘못이라 말하며 우리 사회가 옳은 것을 찾아가는 그 길을 함께 걸을 뿐이다.

연습실의 바리스타
창현 아빠

416합창단이 많은 공연을 하는데요. 어딜 가든 우리와 함께하는 분들이 너무 많아요. 많은 도움을 받곤 하지요. 저는 합창단 연습하는 날 커피를 내려주는데요. 정재옥 시민분이 원두를 몇 년째 계속해서 후원해주고 있어요. 이 자리를 빌려 감사드립니다. 단원분들이 핸드드립 커피를 너무 좋아하고 잘 먹고 있어요. 연습 전에 단원들이 함께 저녁을 먹는데 단원분들이 맛난 김치, 고구마, 아이스크림, 떡, 피자, 치킨 등등 많은 것들을 가지고 와서 나눠먹는 즐거움도 커요.

이창현(2학년 5반) 아버지 이남석

아이들의 생일이 오면

아이들 생일이 되면 엄마들은 떡을 준비합니다. 마음 아픈 떡이지만 아이들의 생일을 축하하고 즐겁게 나눠먹습니다.
맛있게 먹을 단원들을 생각하며 약식을 만들고 하나하나 랩으로 싸서 가지고 왔다지요.
내가 만든 음식을 누군가 맛있게 먹어준다는 것은 또하나의 즐거움입니다.
이런 즐거움을 함께하실 분은 언제든 두 팔 벌려 환영합니다.

생일 기억 친구

우리는 매주 월요일 저녁 세 시간씩 연습하는데요. 아무리 연습할 노래가 많아도 꼭 놓치지 않는 소중한 시간이 있습니다. 바로 그 주간에 생일을 맞은 친구들의 이름과 이야기를 하나하나 읽으며 기억하는 시간입니다. 늦게까지 진행되는 연습에 지치다가도, 그 이름들을 부를 때, 그리고 벽에 걸린 아이들의 사진을 볼 때 새 힘을 얻지요. 친구들의 이야기는 매년 만들어지는 세월호 달력에 정리되어 있는데요. 2019년에 따뜻한 변화가 생겼어요. 아이들의 이야기가 과거형에서 현재형으로 바뀌었거든요. '축구를 좋아하던'에서 '축구를 좋아하는'으로요. 그게 참 따뜻했습니다. 아이들의 이야기가 하나하나 선명하게 다가왔거든요.

일반 시민단원 김진수

별창고

합창단의 공연이 늘어나면서 스피커, 마이크 등등 음향기기들도 동시에 늘어났다. 창고가 필요하다는 의견이 모여 중고 컨테이너를 구입했다. 가족협의회의 모든 컨테이너들은 자원봉사자들의 도움으로 세월호를 상징하는 그림들을 그려 예쁘게 변신한 터라, 합창단 컨테이너에도 그림을 그려넣기로 하고 안산온마음센터 직원들의 도움을 받아 합창단 로고와 건반, 별 등을 그려넣었다. 마지막 페인트칠은 단원들이 힘을 합쳐 완성했는데 만족스러운 결과가 나와서 다 함께 기뻐할 수 있었다. 이름은 '별창고'라 지었다. 별창고에는 소중한 별들로 가득하다.

이창현(2학년 5반) 어머니 최순화

별창고가 탄생하기까지 우리는

처음에 우리는 방바닥에 빙 둘러앉아 작은 키보드 건반에 스피커도 따로 없이 음을 짚어가며 노래하기 시작했어요. 어느 날 어떤 분이 전자건반을 갖다주셨고, 또다른 분이 중고피아노를 기증해주셨죠. 매주 들고 다니는 악보가 점점 많아지다보니 악보를 정리할 파일첩도 구입했어요. 파일첩이 다 채워지고 또다시 복사된 낱장의 종이 악보를 더 들고 다니다, 결국 악보집을 만들자 의기투합해서, 색도 고운 노란 표지의 416합창단 첫 악보집이 생겼어요. 피아노가 있으니 저희에게 딱 맞게 연주해주실 반주자가 천사처럼 나타났고, 악보집이 쌓여 있으니 새로 오시는 분들께도 악보집 하나 건네드리면, 다음 연습 오는 데 아무런 걱정이 없게 되었지요.

방에 앉아 피자도 먹고 김장철이면 김장김치에 고기를 삶아와서 두런두런 모여 나눠먹었어요. 공연 계획이 잡혀 있으면 '빵꾸'난 양말과 함께 일어서서 공연 대형으로 연습도 해보고요. 그러다 플라스틱 간이의자에 앉아 노래해

416
합창
STAFF

도 두세 시간은 거뜬히 노래할 수 있었고, 등받이가 있는 접이식 의자는 연습의 형태를 혁명적으로 바꿔주기도 했어요. 지휘자는 책상에서 연습을 진행하고 마주보며 노래하게 되었지요.

공연을 여기저기 가리지 않고 다니다보니 가는 곳마다 거의 야외 투쟁현장들인데, 마이크가 변변치 않은 곳이 많았어요. 노래하는 이에게 마이크는 생명이라 합창단 마이크를 꿈꾸었고, 덩달아 좋은 건반까지 짱짱한 하드케이스에 담아 갖게 되던 날은 기뻐서 생글생글 웃으며 자꾸 건반케이스를 보게 되더라구요.
노란티 하나면 공연복으로 충분하지만 계절이 바뀌니 긴팔 옷이 필요했고, 한겨울 싸우는 현장은 너무 추워서 두꺼운 겨울점퍼를 입고 길거리공연을 하기도 했어요.

한해 한해 계절이 여러 번 지나가고 안산 정부합동분향소가 철거되면서, 기독교 컨테이너부스에 얹혀살던 합창단은 연습공간에 대한 고민을 하게 됩니다. 음향장비가 쌓이고, 악보집을 꽂아둘 책꽂이가 생기고, 공연복을 보관할 박스도 커지고. 무겁고 커다란 피아노까지 짊어지고서 합창단은 새로 이사온 가협 대강당 귀퉁이에 늘어나는 살림살이들을 귀하게 간직해왔답니다.

그리고 오늘, 합창단 살림살이를 보관해둘 컨테이너에 그림을 그렸습니다. 커다란 노란 리본과 합창단 로고, 하늘의 별과 피아노 건반까지 합창단원들이 오후부터 모여 손을 보탰어요. 저는 "로고에 들어가는 별모양 음표는 제가 하고 싶어요" 하고 미리 손들었지요. 마지막 남은 음표에 색을 입히는데 갑자기 마음이 경건해지더라구요.
온 감각과 정신을 집중하여 별음표 끝자락 선을 그리며 기도하는 마음이 이런 것이겠다 싶었습니다.

단 한 번도, 단 한 가지도
단 한 사람의 힘으로 이룬 일이 없었습니다.

언제나 모든 일을 함께 끝까지 논의하면서,
밖에서는 비효율적이라 생각할지 몰라도
416합창단은 그렇게 걸어왔습니다.

각자의 위치에서 서로를 지켜보고 기다려주고 살며시 손 잡으며 왔습니다.

오롯이 딱 한 가지, 저희에게는 같은 꿈이 있기 때문입니다. 진상규명, 책임자 처벌. 그 길을 오늘처럼 앞으로도 나란히 걸어갈 것입니다.

지휘자 박미리

맹꽁이 농장

세월호 4주기가 지나고 분향소가 철거되면서 합창단의 연습장소도 사라지게 되었다. 다행스럽게 단원구청 옆 공터로 ㈔4.16세월호참사가족협의회가 이사하면서 대강당이 생겼고, 합창 연습도 대강당에서 하게 되었다. 연습장소인 대강당 뒤편에는 잡초가 무성한 버려진 땅이 있었는데, 그곳을 개간해보자는 의견이 나왔다. 그래서 단원들이 힘을 모아 풀을 뽑고 땅을 일구었는데, 그 과정에서 맹꽁이들이 여기저기서 튀어나와 '맹꽁이 농장'이라고 이름 짓게 되었다.

파프리카, 참외, 토마토, 땅콩, 작두콩, 고구마 등의 모종을 사서 심었는데, 물을 주고 풀을 뽑아주며 여름, 가을을 보내니 수확의 기쁨도 맛보았다. 땀흘리며 수고한 대가를 열매로 거두는 경험은 아주 특별한 것이었다.

이창현(2학년 5반) 어머니 최순화

박근혜 퇴진했던 날

수많은 공연을 다니면서 어느 곳 하나 소홀하게 생각한 곳은 없습니다. 작은 무대든 큰 무대든 함께하는 사람들이 있다는 것만으로도 위안이 되고 힘이 되었으니까요. 그중에서 박근혜 퇴진 촛불의 의미가 컸어요. 셀 수 없는 촛불의 함성이 우리 아이들의 억울한 죽음을 밝혀줄 수 있다는 희망이었으니까요.

김동영(2학년 6반) 어머니 이선자

지휘자님과 우리

4.16세월호참사
책임자 처벌위한
전면 재수사 실시하라!
"세월호를 가슴에 간직한
평범한 사람들이
세상을 바꾸고 있습니다"
문재인 대통령 세월호참사 5주기 추모 메시지
4.16세월호참사는
무고한 국민 304명이 희생당한
박근혜-새누리당 적폐세력이 저지른
살인범죄입니다
수사외압 황교안 구속!
박근혜 7시간 재수사!
왜곡은폐 자유한국당 해체!
대통령의 약속이 지켜지도록 함께해요
2017.5.11.
문재인 대통령
"세월호 제대로 된 재조사 지시"
2018.4.15.
문재인 대통령
"세월호의 완전한 진실규명을 다짐"
"생명과 안전을 최고의 가치로 선언하는 공간
4.16생명안전공원 건립"
<세월호참사 4주기 합동영결식 대국민 메세지>
2019.4.16.
문재인 대통령
"진상규명과 책임자 처벌은 철저히 이뤄질것"
"4.16생명안전공원 빠르게 조성"
<세월호참사 5주기 추모 메세지>

감동은 무수히 많은데요. 매주 월요일 연습을 한 번도 안 빠지고 오시는 분들을 보면 감동을 많이 받습니다. 간절한 마음으로 위로해주실 때 본받고 싶은 분들이 많습니다. 특히 지휘자님은 노래를 알려주실 때 노래의 감정이나 동기는 물론이고, 이 노래를 어떻게 부르면 더 아름다울지 자세히 이야기해주시는데요. 그럴 때 소소한 일상의 이야기들도 함께 전해주시는데, 눈물을 보이실 때면 가슴이 아리면서 감동이 있고, 또 노래에 대한 느낌도 다르게 다가옵니다. 합창단 연습을 갈 때마나 어떻게 살아야 할지 생각합니다.

김동혁(2학년 4반) 어머니 김성실

416합창단의
일반 시민단원들

같이 활동하시는 일반 시민단원분들을 통해 감동과 배려, 진심을 배우고 느꼈습니다. 늘 옆에서 동행해주고 날씨에 따라 걱정해주고 챙겨주고 무슨 일 있으면 제일 먼저 달려와주고, 유가족이 말도 안 되는 고집과 투정을 부려도 설득하기보다는 맞다며 늦더라도 같이 걸어가주고 기다려준 또하나의 가족입니다. 이분들이 수호천사이고 살 수 있는 힘을 주었고 투쟁의 동력이 되었습니다. 세상의 위대함, 그 어떤 희생과 사랑과도 바꿀 수 없는 보석 같은 분들의 이야기를 여기에 조금은 할 수 있어서 다행입니다.

박시찬(2학년 8반) 아버지 박요섭

진지함과 자연스러움

나는 내 삶에서 가장 진지한 때를 416합창단에서 보내고 있다. 한동안 부모님들 앞에서조차 아픔을 그대로 드러내던, 내가 나를 통제하지 못한 때가 있었다. 그때 하나둘 나를 위로하는 손길들이 찾아왔다. 그 위로는 조심스러웠지만 다정했고 숨겨진 듯했지만 강렬했다. 타인의 고통에 민감하고도 유연함을 잃지 않는 부모님들의 손길에는 분명히 치유의 능력이 있다.

함께한 세월 6년.
위로와 환대, 아픔과 치유,
슬픔과 유쾌함으로 서로 스며들고 번져
416합창단에 고이 묻든 사람들.

생각만으로도 그리운 사람들. 그 사람들과 노래로 만나는 월요일 저녁, 안산으로 향하는 발걸음. 416합창단은 어느새 자연스러운 나의 일상이 되었다.

일반 시민단원 임재옥

누구도 차별당하지 않고 행복한 삶을 살 때까지

부모님들을 가까이서 처음 만난 것은 2015년 5월 성신여대에서 〈네버 엔딩 스토리〉 합창 녹음을 할 때다. 부모님들이 삭발과 단식농성 등을 하면서 정부에 강력히 항의할 때인데, 자식을 잃은 슬픔과 분노가 뒤엉킨 참담하고 복잡한 모습이었다. 일순간 모든 것이 무너진 그 상황을 나는 감히 헤아리기 어려웠고, 멀리서 안타깝게만 바라볼 뿐 그 마음을 위로조차 할 수 없었다.

뒤늦게 용기를 내어 2016년 10월 416합창단에 들어왔다. 그 이후 매주 월요일마다 꼬박꼬박 만나서 함께 저녁밥을 먹고 소소한 일상을 나누고 노래한다. 그러니 우리는 한 식구이다. 서로가 서로를 응원하는 동료이며, 세월호 참사 진상규명과 책임자 처벌을 넘어서 사람들이 차별당하지 않고, 안전하고 행복한 삶을 살 수 있는 사회가 되도록 세상 곳곳을 함께 찾아다니는 우리는 동지다.

일반 시민단원 문현주

광화문 피켓팅

검찰 특별수사단은
모든 의혹을
전면재수사하고
관련 책임자를
처벌하라!
20140416 세월호참사
대통령은 약속을 지키십시오!
철저한 진상규명
검찰 특별수사단은
세월호참사의
진상규명을
방해하고
수사 외압을 행한
관련 책임자들을
전원 처벌하라!
세월호참사는
304분의
국민을
살인한
잔악무도한
국가범죄!
검찰 특별수사단은
눈속임 하지마라.
우리 국민과
세월호 유가족
엄마아빠는
4월 16일 그날을
온 몸으로 기억한다.
검찰 특별수사단은
304분 국민을
살인한
구조 방기 책임자
전원을 수사하고
살인죄로 기소하여
처벌하라!
세월호참사
진상규명만이
안전한 세상을
만듭니다.
우리 아이들은
안전한 세상에서
살아가야합니다!
국민들이
지켜보고 있다.
검찰 특별수사단은
편파 부실 수사
반성하고
세월호참사
진상 규명을 위해
철저히 수사하라!

말없이 서 있는 피켓팅은 더 많은 이야기를 합니다.

추위에 몸은 점점 온기를 잃어가지만

머리와 가슴은 선명하게 맑아집니다.

기억과 빛
세월호참사는 304명을 죽인 범죄!
검찰은 세월호참사 특별수사단을 설치하여
세월호 직접 관리 국정원과 세월호 수장 회적 기무사를 즉각 수사하라!
해경은 왜 선원들만 표적구조하고 승객들에게는 구조 시도조차 하지 않았는가?
상식적·과학적으로 설명할 수 없는 세월호침몰의 진짜 원인은 무엇인가?
박근혜정부·황교안은 왜 그토록 집요하게 증거를 조작·은폐하고 진상규명을 방해했는가?
(사)4.16세월호참사 가족협의회

한 달에 두 번쯤 416합창단이 광화문 광장에서 피켓팅을 한다. 지난여름에는 보수단체들이 불법으로 점거농성을 하고 날마다 오후 3시가 되면 기자회견을 한다는 명목으로 세월호 광장 쪽으로 우르르 모여들어 시비 걸고 모욕하고 폭력을 휘두르기도 했다. 그때마다 경찰들은 그들을 말리기보다 부모님들더러 가만있으라고 윽박지른다. 나는 그들에게 대거리하면서 싸우는 것이 나은지, 문제가 커지지 않도록 참는 것이 나은 행동인지 매번 혼란스럽고 무서웠다.

싸운다 한들 막무가내인 그들과 대화가 되는 것도 아니고, 그냥 두자니 온몸이 발가벗겨지는 것 같은 모욕과 분노가 일어 다스리기가 힘겨웠다. 어쩌다 마주치는 내 마음이 이러한데 그동안 수없이 많은 날들을 그렇게 견뎌왔을 부모님들을 생각하면 마음이 숙연해진다. 철저한 진상규명과 책임자 처벌의 길은 멀기만 하고 고독하지만, 슬픔에 주저앉지 않고 불의에 맞서 나아가는 부모님들을 보면서 사실은 내가 더 힘을 얻고 배운다. 참으로 난장판인 이 시대, 416합창단 부모님들이 길 위의 그리스도이다.

일반 시민단원 문현주

모든 순간이 감동이었다

늘 모이는 날들이 감동입니다.
아이들의 친구 같은 멋진 어른들이죠.
울다 웃다 생각하다 노래하다가……
지금의 나를 지탱해주는 416합창단입니다.

이준우(2학년 7반) 어머니 장순복

일반 시민단원들과 지휘자님의 헌신과 사랑에 늘 감동을 받아요. 사실 가족 외의 사람들에 대한 경계가 심했던 저희들에게 416합창단이 세상과 손잡게 하고 버틸 힘을 얻게 해줍니다.

유예은(2학년 3반) 어머니 박은희

많은 시간이 흘렀네요.

하지만 그 시간 속에 우리가 함께 있었어요.

외로워하지 말아요.

슬퍼하지 말아요.

아니, 슬프면 슬퍼하고 괴로우면 소리도 질러보아요.

때로 잔잔한 그리움이 찾아오면

나지막이 노래도 불러보아요.

혼자가 아닌 우리.

이렇게 추운 날씨도 녹일 만큼 따뜻한 우리.

앞으로 갈 길도 이렇게 함께 갑니다.

416합창단.

일반 시민단원 임재욱

4부

하늘로 가는 우체통

세월호
엄마 아빠의
손편지

언제나 엄마 편이었던 시찬아!
지금은 어떤 모습일지 궁금하고 보고
싶구나.
아들! 오늘 밤엔 엄마 꿈 속에
와 줄래?

SONY

시찬아~
너를 통해 세상을 다시 보고 눈을 뜨게 되었어...
숨조여오는 세상을 공기같은 사람들과 함께 너에게 한걸음 한걸음 끝까지 걸어갈께
찬아! 별로 만나자~♡

지성아!

보고싶다 하늘나라는 행복하지

이땅엔 너를 향한 엄마의 사랑만 남았구나

딸 사랑해~

준우야.
심장이 떨리듯, 난 아직도 그리움에
널 부르고 있어. 그냥 편히 들었으면
좋겠어. 엄마곁에서 기타를 쳐준만큼....
너무보고싶어. 준우야......
그리고 많이 많이 사랑해...
우리가

네가 그렇게 좋아하던 노래를, 엄마가 부르고 있어. 그래서 노래 부를 때마다 미안하고 아파. 무대 위에 설 때 가장 행복했던 예은아, 엄마의 노래 속에 네 소리도 늘 함께 할 거라 믿어 - 예은 맘.

SONY

그립고 그립고 그리운 내 아들 차웅! 엄마 아빠 꿈길에 너무나 안 오네 혹시라도 찾아 올까 봐 여지잠도 청하는데 그만 애태우고 오늘 밤에 꼭! 만나자! 그립고 그립고 그리운 아들 차웅! 바람 햇살 그 무엇으로든 다시 오라던 엄마 말 기억하지. 그리고 꿈에서도 만나자

Sesame Street

아들 호연아 6년이란 시간을 지내는

동안 한순간도 너를 잊어본 적 없단다

늘 그립고 보고 싶은 아들...

엄마 맘속에 영원히 함께 할 거야

사랑해 호연아

엄마가

아빠의 눈물 속에서 집밥을 그리워할 너의 모습이 보인단다.
오늘도 송혁엄마로 밥을 짓고 국을 끓이며 너의 안부를 묻는다 "안녕?"
- 엄마가 송혁이에게 -
'잘 지내지?"

아빠가 울면 너도 울고 아빠가 웃으면 너도 웃겠지? 아빠는 오늘도 우리 아들 만날 날을 기다리며 웃어 본단다 부디 그곳은 착하고 따뜻한 곳이길 소망한다.

- 못난 아빠가 동혁이에게 -

SONY

사랑하는 우리 아들 태범아 엄마는 계속 나이가 들어가는데 넌 여전히 열여덟 교복을 입은 소년에 머물러 있구나 태범아 못해준게 많아 미안해 다음 생에도 내 자식으로 태어나줘 사랑한다

스물세살 그리운 동영이에게

너에게 쓰는 이 짧은 편지조차 얼마나 많은 고민이 필요하던지

보고 싶은 아들 동영이에게. 너의 사진 앞에 앉아 편지를 쓰고 있어.. 너와 눈이 마주친 순간 또 가슴이 쿵쾅거려

엄마의 가슴에 눈에 선명하게 각인된 너의 사진 한장이 있어 즐겁고 행복해하던 모습이 지금도 생각나 사랑해 동영아 많이 많이 사랑해

성현아!

엄마는 성현이 이름만 불러도 심장이 벌떡거려. 우리 성현이와 함께한 모든 시간들이 너무 소중하고 그립다. 부드러운 사랑을 주지못해 미안해.

사랑해 우리 큰아들.

영만아 매일매일 보고싶고 그리워만해서 미안해 널 이렇게밖에 사랑할수 없어서 미안해 그래서 꼭 다시 만날날을 기다리며 어제도 오늘도 내일도 영원히 사랑하고 축복해

사랑하는 아들 제훈아! 동방박사들이 별따라 예수님 찾아갔듯이 엄마는 너라는 별따라 예수님 만나는구나. 엄마의 인생 나침판이 되어준 너. 사무치게 보고 싶다.

장현아!

너의 단원고 사물함에 붙여 놓은 「행복하자」라는 말, 엄마 마음에도 새겨 놓았어. 근데 너 없이 행복할 수 있을지... 잘 모르겠네. 너랑 같이 행복할 수 있는 방법은 정말 없는 걸까?

아들!

명절에 시골 갈때면 누나랑 차 뒷좌석에서 서로 편하게 가려고 티격태격 다투던 소리들, 휴게소에서의 간식타임에 신나하던 모습들… 너무 그립구나.

보고싶다. 아들!

416 합창단

소프라노

세월호 유가족

김동혁(2학년 4반) 어머니 김성실
유예은(2학년 3반) 어머니 박은희
문지성(2학년 1반) 어머니 안명미
김호연(2학년 4반) 어머니 유희순
이영만(2학년 6반) 어머니 이미경
김제훈(2학년 8반) 어머니 이지연
이준우(2학년 7반) 어머니 장순복
김성현(2학년 5반) 어머니 한경숙

일반 시민단원

김민주
김산희
김은경
박영서
원경연
이상임
이순희
이혜숙
임재옥
정영미

알토

세월호 유가족

정차웅(2학년 4반) 어머니 김연실
박시찬(2학년 8반) 어머니 오순이
김동영(2학년 6반) 어머니 이선자
인태범(2학년 5반) 어머니 정경희
이창현(2학년 5반) 어머니 최순화(416합창단장)

돌아온 아이의 가족 이인서(2학년 2반) 어머니 신경희

일반 시민단원

김명숙
문현주
박소윤
양영희

윤현나
이영애
조미선

테너

세월호 유가족	김동혁(2학년 4반) 아버지 김영래 이창현(2학년 5반) 아버지 이남석
돌아온 아이의 가족	이인서(2학년 2반) 아버지 이정엽
일반 시민단원	강정훈 김진수 장수현 정인출 조선재 최철호 최헌국

베이스

세월호 유가족	박시찬(2학년 8반) 아버지 박요섭
일반 시민단원	박태환 유홍근 이길정 이양수 이재홍 정하풍 최광훈 홍정의

지휘자	박미리
반주자	최유리

Music Credit

01 잊지 않을게 3:49
작사 작곡 윤민석 | 성부편곡 김영명 | 반주편곡 류형선

02 네버 엔딩 스토리 3:59
작사 작곡 김태원 | 편곡 이범준 | 반주편곡 고명원

03 못 잊어 4:18
작시 김소월 | 작곡 편곡 조혜영

04 잘 가오 그대 4:42
작사 작곡 문승현 | 편곡 김준범 | 반주편곡 이범준

05 노래여 날아가라 4:45
작사 작곡 윤미진 | 편곡 류형선

06 조율 4:21
작사 작곡 한돌 | 편곡 황수진 | 반주편곡 류형선

07 바람이 오면 4:42
작시 도종환 | 작곡 배동진 | 스트링편곡 이범준

08 그대 눈물 마르기 전에 3:41
작사 작곡 류형선 | 편곡 김준범 | 스트링편곡 이범준

09 하늘로 가는 우체통 12:30
- 세월호 엄마 아빠(416합창단원)의 육성편지 -
BGM (음악 류형선)
①동혁 아빠 ②동혁 엄마 ③영만 엄마 ④예은 엄마 ⑤시찬 아빠
⑥시찬 엄마 ⑦동영 엄마 ⑧차웅 엄마 ⑨인서 아빠 ⑩성현 엄마
⑪지성 엄마 ⑫창현 아빠 ⑬창현 엄마 ⑭제훈 엄마 ⑮준우 엄마
⑯호연 엄마 ⑰태범 엄마

10 어느 별이 되었을까 4:34
작사 이건범 | 작곡 편곡 이현관 | 반주편곡 류형선

11 약속해 4:23
작사 작곡 윤민석 | 성부편곡 전찬율 | 반주편곡 류형선

참여하신 분들

○ 연주

아이리시피리/리코더/하모니카/아코디언 권병호 | **guitar** 조성우 | **bass** 전신일
drum 조국화 | **keyboard** 임예리 정은주 | **piano** 박은지 이지연 임예리
V.n 조아라 | **V.c** 임은진 | **해금** 김주리 | **피리/태평소** 안은경 | **타악** 이충우
midi-programing 고명원 전찬율

○ **Recording** 임재만 유현권

○ **Mixing & Mastering** 임재만

○ **녹음실** New-Bay studio/ Sound Solution studio

○ **합창녹음 장소협찬** 대한예수교장로회 과천교회(담임목사 주현신)

○ **합창단원(부모님) 글 교정** 정경아

○ **09 하늘로 가는 우체통 BGM 코러스** 방기순

○ **보컬 트레이너** 김준범

○ **Photo** 심새명 이상일 이재홍 416합창단

○ **합창지휘** 박미리

○ **Music Producer** 류형선

○ **제작** 안산온마음센터

○ **기획** 416합창단

노래를 불러서 네가 온다면

별이 된 아이들을 부르는 세월호 엄마 아빠의 노래

1판 1쇄 2020년 4월 8일
1판 2쇄 2020년 4월 28일

지은이 416합창단 | 글쓴이 김훈 김애란 | 펴낸이 염현숙

책임편집 이연실 | 편집 정현경 원보름 | 디자인 강혜림
마케팅 정민호 이숙재 양서연 박지영
홍보 김희숙 김상만 오혜림 지문희 우상희 김현지
제작 강신은 김동욱 임현식 | 제작처 영신사

펴낸곳 (주)문학동네
출판등록 1993년 10월 22일 제406-2003-000045호
주소 10881 경기도 파주시 회동길 210
전자우편 editor@munhak.com | 대표전화 031) 955-8888 | 팩스 031) 955-8855
문의전화 031) 955-3578(마케팅) 031) 955-2651(편집)
문학동네카페 http://cafe.naver.com/mhdn | 트위터 @munhakdongne
북클럽문학동네 http://bookclubmunhak.com

ISBN 978-89-546-7124-8 08810

www.munhak.com

잊지 않을게